W0087843

Beni Durrer
Make-up-Schule II

Kreative Ideen

Impressum

Beni Durrer Make-up-Schule II, Kreative Ideen, 1. Auflage 2012
Copyright Beni Durrer, Berlin

Dieses Werk ist urheberrechtlich geschützt. Vervielfältigung und Weiterverwendung,
auch auszugsweise, sind nur mit Zustimmung der Firma Beni Durrer zulässig.

Konzeption:	Beni Durrer
Projektleitung:	Beni Durrer, Doreen Liebig
Redaktion:	Doreen Liebig
Korrektorat:	Daniel Schleicher
Layout und Druck:	werk zwei Print + Medien Konstanz GmbH

Beni Durrer
Pohlstraße 58
D-10785 Berlin
Tel: 0049 (0)30 210 198 00
Fax: 0049 (0)30 210 198 01
E-Mail: info@durrer.de

www.durrer.de

ISBN 978-3-00-038919-1

Für mein Team und all diejenigen,
die mich täglich inspirieren, antreiben, unterstützen, fördern, begleiten.

Beni Durrer
Make-up-Schule II

Kreative Ideen

Inhaltsverzeichnis

Künstler und Make-up

Body-Make-up

Tier-Shooting

Werbung und Make-up

Fashion-Make-up

Making-of und Make-up-Schule

Bei vielen Looks zeige ich Ihnen zum Auftakt speziell entworfene Postkartenmotive.

„Wer aufhört besser zu werden, hat aufgehört, gut zu sein."

(Philip Rosenthal)

Damals beim Gang über den Flohmarkt meiner Wahlheimat Berlin habe ich ihn zwischen Schallplatten und gebrochenem Porzellan entdeckt; den alten verstaubten Kronleuchter. Auf Hochglanz poliert, ist der imposante Leuchter nun ein Paradestück meines Flagshipstores. Denn das ist meine Leidenschaft; Schönheit zu wecken, zu betonen, zu unterstreichen.

Mit meinem ersten Buch, der „Beni Durrer Make-up-Schule", habe ich ein Standardwerk verfasst, das alle wichtigen Grundlagen für ein perfektes Make-up vermittelt. Ausführlich bebildert und Step-by-Step zeige ich Ihnen die wichtigsten Looks für eine erfolgreiche Arbeit als Visagist. Doch der Beruf des Make-up-Artist lebt nicht allein von Theorie und Grundlagen. Die Arbeit mit Menschen, vielfältigste Einsatzgebiete und die Kreation immer neuer Looks machen den Beruf für mich zu einem der spannendsten überhaupt. Und es ist genau diese kreative Energie, die mich jeden Tag zu Höchstleistungen antreibt. Seien Sie kreativ und offen, bleiben Sie am Puls der Zeit und hören Sie nicht auf zu lernen. Denn nur eine ständige Weiterentwicklung des eigenen Könnens, unterscheidet die Guten von den Besten!

Mit der „Beni Durrer Make-up-Schule II, Kreative Ideen" möchte ich Sie entführen in die zauberhaf-te Welt fantastischer Make-up-Kreationen, die Ihnen Inspiration und Antrieb zugleich sein sollen. Ich zeige Ihnen wunderschöne Beauty-Make-ups, ausgefallene Fantasie-Make-ups, verrate Ihnen, wie Sie glamouröse und dennoch wasserfeste Looks erstellen und gebe Ihnen einen Einblick in die schillernde Beauty- und Fashionbranche. Lassen Sie sich anstecken von stimmungsvollen Bildern traumhafter Looks und zaubern Sie mit Farbe und Pinsel. Damit Sie alles nacharbeiten können, präsentiere ich Ihnen die meisten Looks detailliert bebildert und mit Step-by-Step-Anleitung. Kitzeln Sie Ihre Kreativität und wagen Sie beim Nachschminken Veränderungen. Greifen Sie zu anderen Farben, spielen Sie mit Linien und Formen. Das dient Ihnen wunderbar zum Training und Sie entwickeln Ihr Gespür für Make-up und Ihr Können weiter.

Lassen Sie sich inspirieren, seien Sie leidenschaftlich und kreativ, zaubern Sie mit Make-up!

Ich wünsche Ihnen viel Spaß beim Ausprobieren!
Herzlichst Ihr

Beni Durrer

Beni Durrer bei einem Promi-Fotoshooting
in der Italienischen Botschaft, Berlin.

© Sirio Magnabosco

9

Beauty

„Marysol" – Goldener Frühling

Inspiriert vom Frühling und seinen Vorboten, den gelben Osterglocken und den ersten wärmenden Sonnenstrahlen, die auf der Nase kitzeln, habe ich ein Make-up kreiert, in dem die Farbe Gelb im Mittelpunkt steht. Die Augen erstrahlen in dezentem Gelb und ein kräftig goldener Lidstrich lässt die Haut schimmern wie im Licht erster Sonnenstrahlen.

Mein Model Marysol Ximénez-Carrillo ist Sängerin, Tänzerin und Schauspielerin. Ich habe sie bei der Weihnachtsshow von Gayle Tufts, für die ich jahrelang für die Make-ups zuständig war, kennengelernt und war sofort begeistert von ihrer zauberhaften Ausstrahlung, aber auch von ihrer umwerfenden Stimme. Als ich sie fragte, ob sie mein neues Gesicht sein möchte, sagte sie sofort begeistert zu. Zum Shooting kam sie übrigens ungeschminkt. Eine große Seltenheit! Sie ist eigentlich eine der Frauen, die nie ohne Make-up das Haus verlassen, sie geht sprichwörtlich nicht mal zum Bäcker ohne Make-up!

Marysol ist die Namensgeberin des Looks. Aus dem spanischen kommend bedeutet der Name „Marysol" auch „Mar y Sol", „Meer und Sonne" und weist damit einmal mehr auf den sonnigen Ausdruck des fertigen Make-ups hin.

Bildhinweis:

Make-up: Beni Durrer
Haare: Katharina Geske
Model: Marysol Ximénez-Carrillo, www.marysolximenez.de
Fotos: Fabian Maerz, www.fabianmaerz.de

Marysol

BD
Beni Durrer

13

1. Grundierung

Bei einem ebenmäßigen Hautbild das Make-up mit dem Grundierungspinsel in gleichmäßigen Streichbewegungen sehr dünn auftragen. Um das Make-up zu fixieren, Puder mit einem Puderpinsel ebenfalls dünn applizieren.

2. Augenbrauen

Die Augenbrauen zunächst mit einem Augenbrauenbürstchen nach unten bürsten und mit einem dunkelbraunen, der Haarfarbe entsprechenden, Lidschatten mithilfe eines schrägen Augenkonturenpinsels nacharbeiten. Danach die Härchen nach oben in Form bürsten.

3. Augenkontur

Zeichnen Sie mit einem schwarzen Konturenstift die Augenkontur und die Lidfalte nach.

4. Verblenden

Verblenden Sie nun den Konturenstift, besonders in der Lidfalte, um dem Auge Tiefe zu verleihen. Diese so genannte „Haute-Couture-Technik" habe ich bei Yves Saint Laurent gelernt, wo ich Trainer-Visagist war.

5. Lidschatten, hell

Mit einem breiten, stumpfen Pinsel einen hellen, weißglänzenden Lidschatten unter die Brauen tupfen und zu den Seiten hin auslaufend verwischen. So wird der Brauenbogen betont und das Auge optisch geöffnet. Diese Lidschattenfarbe kommt auch unter den Augen, über den Wangenknochen, zum Einsatz.

6. Lidschatten, gelb

Nun in tupfenden Bewegungen mit einem Lidschattenapplikator einen frischen Gelbton auf das bewegliche Lid auftupfen. Den Gelbton zur Nasenwurzel hin verblenden, auslaufen lassen und zurück in Richtung Augenbrauen auslaufend auftragen. Das lässt die Augenpartie sofort frischer wirken.

7. Lidschatten, braun

Zeichnen Sie mit einem dunklen, matten Braunton die Kontur unterhalb des Auges nochmals mit dem abgeschrägten Augenkonturenpinsel nach und verwischen diese leicht nach unten. Dunkeln Sie mit diesem Ton auch die Lidfalte mit einem kurzen, dicken Augenschattierpinsel ein. Die Lidfalte mit einem Japanpinsel und einem helleren, matten Beigeton nacharbeiten und die Farbe sanft nach außen verwischen. Auch die Kontur unterhalb des Auges mit dem Beigeton und einem schrägen Augenschattierpinsel nacharbeiten. Schwarz getuschte Wimpern und ein schmaler, goldener Lidstrich betonen die Augen perfekt und lassen sie unwiderstehlich schön erstrahlen.

8. Konturierung

Um die Wangen zu modellieren, die Partie unterhalb der Wangenknochen mit einem schrägen Konturenpinsel und einem hellen Beigebraun betonen.

9. Lippenkontur

Mit einem weichen, hellbeigen Konturenstift die Lippenkontur nachzeichnen und wenn nötig korrigieren und nach innen verwischen.

10. Lippenfarbe

Die Mitte der Lippen mit einem hautfarbenen Ton mithilfe eines Lippenpinsels ausfüllen und die Farbe zum Rand hin ausblenden.

11. Lippenlack

Um die Lippen optisch zu vergrößern, geben Sie über die Farbe mithilfe des Lippenpinsels transparenten Lippenlack.

Für einen extravaganteren Look, z.B. für Partys, Modenschauen, usw., kann zusätzlich eine Wimpernperücke auf den Wimpernansatz geklebt werden.

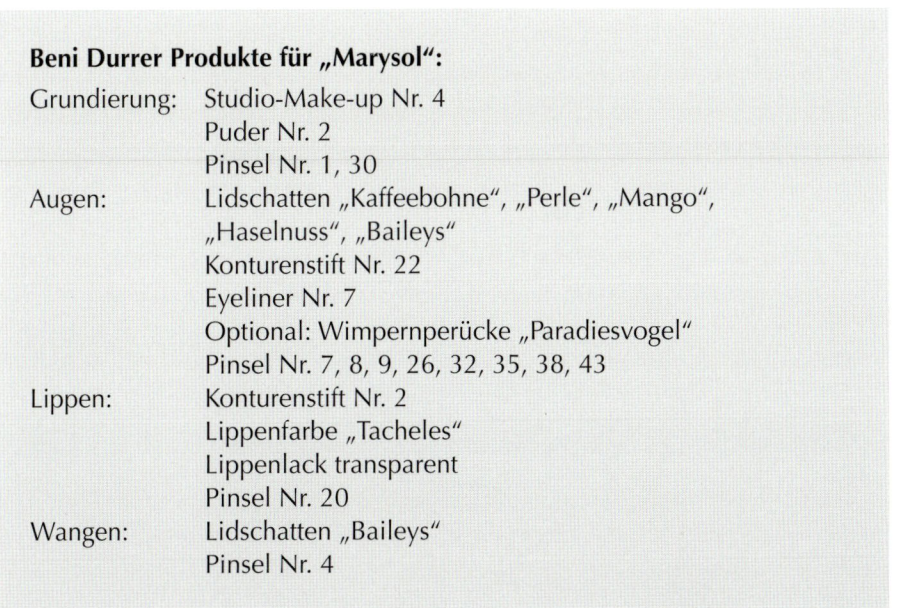

„Marysol"

Augenbrauen:

■ Kaffeebohne

Augen:

■ Konturenstift Nr. 22

□ Perle

□ Mango

■ Haselnuss

■ Baileys

■ Wimperntusche schwarz

■ Eyeliner Nr. 7

Lippen:

■ Konturenstift Nr. 2

■ Tacheles

□ Lippenlack transparent

Wangen:

■ Baileys

Beni Durrer Produkte für „Marysol":

Grundierung:	Studio-Make-up Nr. 4
	Puder Nr. 2
	Pinsel Nr. 1, 30
Augen:	Lidschatten „Kaffeebohne", „Perle", „Mango", „Haselnuss", „Baileys"
	Konturenstift Nr. 22
	Eyeliner Nr. 7
	Optional: Wimpernperücke „Paradiesvogel"
	Pinsel Nr. 7, 8, 9, 26, 32, 35, 38, 43
Lippen:	Konturenstift Nr. 2
	Lippenfarbe „Tacheles"
	Lippenlack transparent
	Pinsel Nr. 20
Wangen:	Lidschatten „Baileys"
	Pinsel Nr. 4

„Michelle" – Korallrot und Blau für den Sommer

Mit „Michelle" nehme ich das Thema Blau auf. Dabei muss für das Augen-Make-up keinesfalls immer das komplette Auge oder Lid blau eingefärbt werden, oft reicht ein kleines „Farbspiel". So appliziere ich hier Blau nur am unteren Wimpernkranz und setze damit einen aufregenden Kontrast zu den braunen Augen meines Models. Lippenstift und Rouge in kräftigem Korallrot machen den frischen Look perfekt.

Mein Model ist die kanadische Sängerin und Tänzerin Michelle von „Ambrosia the SHOW EXPERIENCE" (www.ambrosiaberlin.com), eine extravagante und erotische Show, die in den angesagtesten Clubs lief, unter anderem im „Bangaluu", in dem auch Promis wie zum Beispiel Paris Hilton verkehrten. Die Show zu beschreiben ist unglaublich schwer, denn es ist eine Mischung aus Tanz, Performance, Gesang und Akrobatik; dabei aber sehr erotisch und mystisch.

Michelle hat lange, gerade Haare, die mit Lockenspray besprüht und vor dem Make-up auf kleine Dauerwellwickler aufgedreht werden, damit sie gut trocknen können.

Als ich in Berlin für die Show der Kosmetikmesse gebucht wurde und erklärte, was ich gerne auf der Bühne zeigen möchte, nämlich Ausschnitte aus der Show von „Ambrosia" in Kombination mit Make-ups live geschminkt, rief mich die Organisatorin drei Mal an und ich musste ihr immer wieder versichern, dass sich die Modelle nicht ausziehen würden. Die Make-ups waren toll und die Show ging ihrem Ende entgegen – da sah ich einen der Tänzer nur im Lederstring mit Lederharness und schwarzen Ballettschuhen auf den Spitzen tanzend auf die Bühne kommen. Gegenüber stand die Organisatorin, deren Gesicht gerade merklich die Farbe wechselte. Am Ende der Show waren die Tänzerinnen und Tänzer dann doch alle fast nackt und die Organisatorin stürzte auf mich zu. Was sie mir sagen wollte, ging dann aber im tosenden Applaus der begeisterten Zuschauer unter – und sie lächelte!

Bildhinweis:

Make-up: Beni Durrer
Haare: Volker Wolf-Strahm
Model: Michelle
Fotos: Fabian Maerz, www.fabianmaerz.de
Kleid: Herz und Stöhr, www.herz-stoehr.de
Schmuck: Herz und Stöhr, www.herz-stoehr.de

1. Grundierung

Als Grundierung ein flüssiges Make-up mit einem Grundierungspinsel in die Haut einarbeiten.

2. Fixierung

Mit einem großen Puderpinsel Puder in der Grundierungsfarbe fein auftragen. Einige Grundierungen werden in Verbindung mit Puder besonders wasserfest, was z.B. im Sommer sinnvoll sein kann.

3. Augenbrauen

Mit einem dunkelbraunen Lidschatten die Brauen am oberen Rand mit einem abgeschrägten Augenkonturenpinsel nachzeichnen. Vorher mit der Augenbrauenbürste nach unten und abschließend wieder nach oben bürsten.

4. Augengrundierung

Applizieren Sie mit einem großen Applikator einen hellen Champagnerton auf dem ganzen Auge – vom beweglichen Lid bis hoch unter die Augenbrauen. Zu den Rändern hin auslaufen lassen.

5. Lidfalte

Die Lidfalte mit einem dunkelbraunen Lidschatten betonen. Verwenden Sie hierfür einen dicken Lidfaltenpinsel, der spitz zuläuft. Mit scheibenwischerartigen Bewegungen die Farbe zu den Brauen hin langsam auslaufen lassen. Das Auge erhält so mehr Tiefe und wird geformt.

6. Augenkontur

Unter den Augen dunkelblauen Konturenstift halbmondförmig auftragen. Darunter hellblauen Konturenstift geben und mit einem Weichzeichner verblenden.

7. Wimpern

Mit schwarzer Wimperntusche die Wimpern stark tuschen, am Ansatz sehr kräftig und zu den Spitzen hin fein auslaufend.

8. Lippen

Lippenfarbe in einem kräftigen Korallrot mit dem Lippenpinsel von der Lippenmitte her zum Rand hin fein auslaufend auftragen. Geben Sie abschließend Lippenlack darüber.

9. Rouge

Um dem Make-up Frische zu verleihen, mit dem Rougepinsel die Wangen mit einer ebenfalls korallroten Lidschattenfarbe betonen.

Haare:

Abschließend werden hier die Dauerwellwickler entfernt und die Locken mit den Händen leicht durchgekämmt, am Ansatz mit den Händen die einzelnen Strähnen auflösen.

Blau und Braun in Kom-
bination mit Korallrot in
aufregendem Kontrast –
„Michelle"

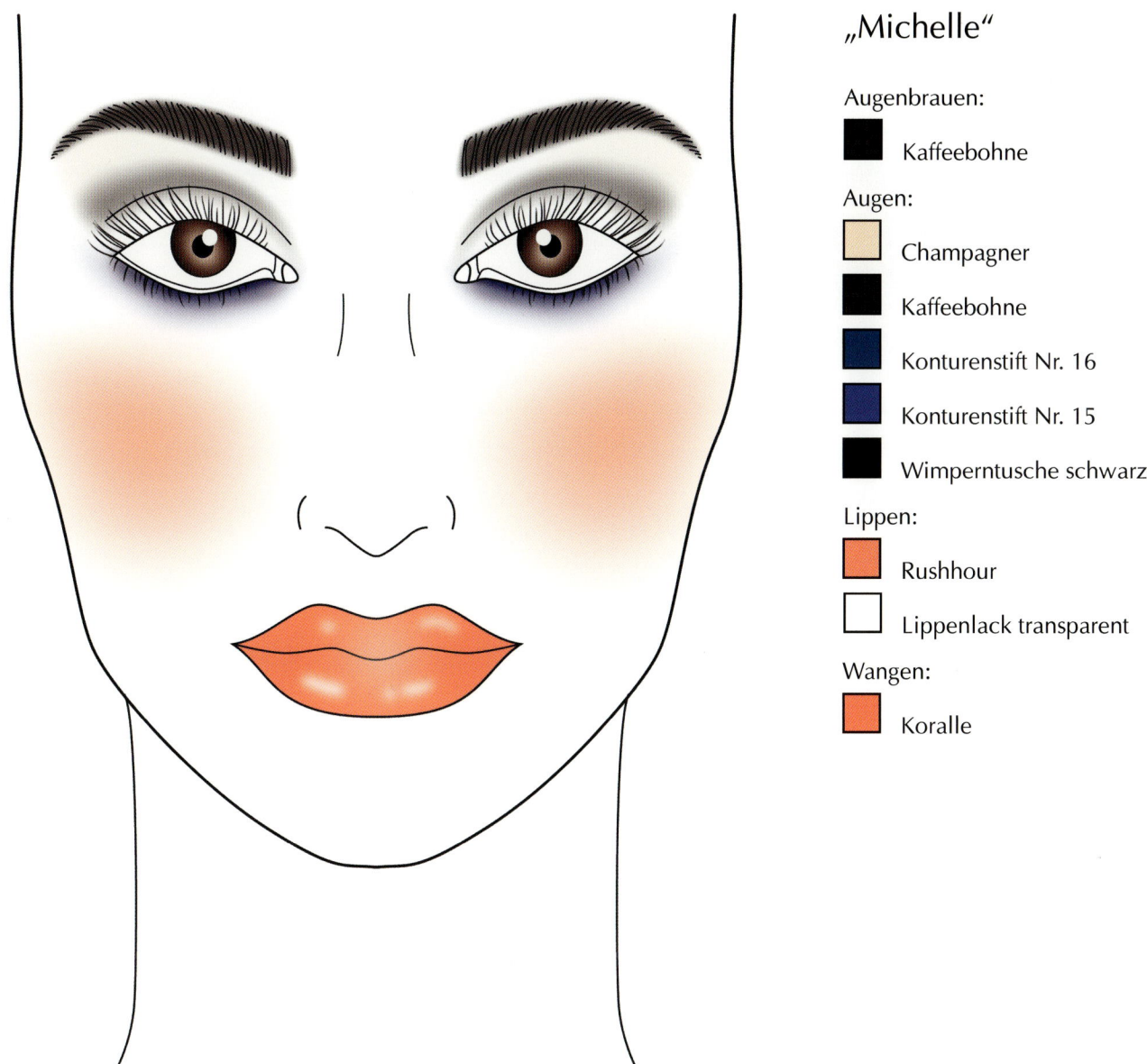

„Michelle"

Augenbrauen:

■ Kaffeebohne

Augen:

□ Champagner

■ Kaffeebohne

■ Konturenstift Nr. 16

■ Konturenstift Nr. 15

■ Wimperntusche schwarz

Lippen:

■ Rushhour

□ Lippenlack transparent

Wangen:

■ Koralle

Beni Durrer Produkte für „Michelle":

Grundierung:	HDTV-Make-up Nr. 220
	Puder Nr. 4
	Pinsel Nr. 1, 42
Augen:	Lidschatten „Champagner", „Kaffeebohne"
	Konturenstift Nr. 15, 16
	Wimperntusche schwarz
	Pinsel Nr. 7, 8, 10, 41, 43
Lippen:	Lippenfarbe „Rushhour"
	Lippenlack transparent
	Pinsel Nr. 20
Wangen:	Lidschatten „Koralle"
	Pinsel Nr. 3

„Donna" – Eine Frau rockt das Leben!

Weiblichkeit inszenieren, das Leben rocken – mit „Donna", einem Make-up in erfrischend, klaren Aquatönen!

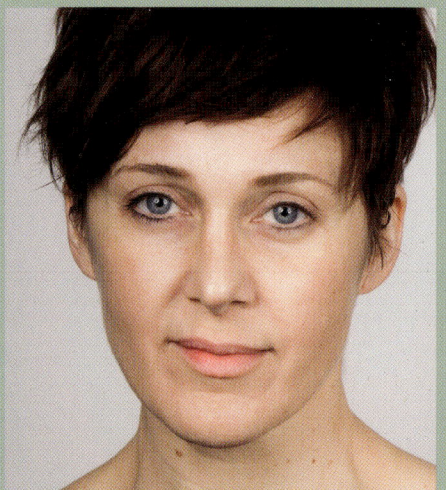

Weg mit Grau und Schwarz: Für „Donna" tauche ich die Augen in sattes, kühles Grün und setze sie mit einem Hauch Schimmer verführerisch in Szene. Die Lippen erstrahlen dazu passend in dezentem Rosé. Mit „Donna" unterstreiche ich die Weiblichkeit der Trägerin auf lässig klare Weise.

Bewusst habe ich mich bei diesem Shooting für ein Model 40 plus entschieden. Mit „Donna" zeige ich, dass jede Frau, jeden Alters natürlich schön sein kann. Mit einem Make-up, das rockt!

Mit meinen Make-ups helfe ich seit Jahren Stars und Sternchen toll auszusehen, nicht nur auf der Bühne, sondern auch auf CD-Covern, Autogrammkarten, Postern und Webseiten. Wer alles zu mir kommt, verrate ich nicht, da die Stars die Anonymität und Diskretion ihres Visagisten schätzen. Diesmal aber kann ich mein Model verraten. Es ist „Madonna" – aus der glamourösen Show „Stars in Concert" im Estrel Festival Center, Berlin. Melissa, die in dieser Show Madonna spielt, hat überhaupt keine Starallüren und ist auf der Bühne mindestens so gut wie das Original, wenn nicht sogar besser! Das Shooting hat nicht nur viel Spaß gemacht, es war auch eins der kürzesten für einen Look.

Bildhinweis:

Make-up: Beni Durrer
Model: Melissa Totten, Darstellerin der Madonna aus der Show „Stars in Concert", www.stars-in-concert.de
Fotos: Claudia Heinstein, www.blitzsaloon.de
Kostüm: Original Bühnenkostüm der „Las Vegas Show"

DONNA

BD
Beni Durrer

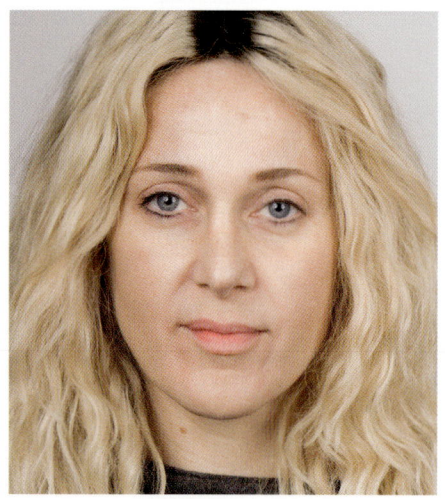

1. Vorher

Melissa sieht ohne Make-up ganz natürlich aus. Ich zeige dieses Foto deshalb so gerne, um zu beweisen, dass jede Frau umwerfend aussehen kann; wenn Sie sich in die professionellen Hände eines Visagisten begibt. Für das Make-up „Donna" trägt Melissa ihre Madonna-Perücke.

2. Grundierung

Hier werden die Partien mit einem Grundierungspinsel unterhalb der Wangenknochen, die Nasenseiten und die Stirn (Haaransatz) mit einem etwas dunkleren Ton grundiert. Die Partie unter den Augen wird dagegen mit einem kleinen Grundierungspinsel und einem helleren Ton aufgehellt. So erhält das Gesicht eine erste Modellage.

3. Fixierung

Um das Make-up zu fixieren, das Gesicht mit einem großen Puderpinsel und einem hellen Fixierpuder abpudern. Der Puder wirkt gleichzeitig wie ein Weichzeichner.

4. Augenbrauen

Mit einem abgeschrägten Augenkonturenpinsel und einer Augenbrauenbürste die Brauen zuerst nach unten bürsten und dann an der oberen Brauenlinie mit einem erdfarbenen Lidschatten nachziehen. Anschließend die Brauen wieder in Form bürsten.

5. Augenkontur

Ein satter, tiefer Grünton verleiht dem Auge Kontur. Hierfür mit dem schrägen Augenkonturenpinsel die Kontur am Auge unterhalb und oberhalb nachzeichnen und von der Mitte nach außen auslaufen lassen.

6. Lidschatten, grün

Nun mit einem Pinsel in Form eines Pferdehufs, einem sogenannten Applikatorpinsel, einen stark schimmernden Grünton auf die Mitte des beweglichen Lids auftupfen und nach links und rechts einarbeiten. Den glänzenden Ton ebenso nach oben über die Lidfalte hinaus fein auslaufen lassen.

7. Augenkontur, unten

Mit dem schimmernden Grünton und einem schrägen Augenschattierpinsel, einem etwas breiteren Pinsel als dem kleinen Augenkonturenpinsel, auch die untere Kontur betonen und auslaufen lassen.

8. Augenwinkel, außen

Um dem Auge mehr Tiefe und Ausdruck zu verleihen, nun den äußeren Augenwinkel in einem satten Grünton mit einem abgeschrägten, weichen Fehhaarpinsel, einem schrägen Augenschattierpinsel, eindunkeln, dabei Kanten vermeiden.

9. Lidschatten, hellgrün

Einen hellen, zart matten Grünton mit einem großen, runden Pinsel, einem großen Augenschattierpinsel, unter der Augenbraue applizieren. Danach mit dem Pinsel die Farbe bis zur Nasenwurzel hin und um das Auge verblenden.

10. Wimpern

Mit einem speziellen Wimpernpinsel Farbe vom Bürstchen der Wimperntusche abnehmen und die Wimpern damit einfärben. Durch die flache Form des Pinsels ist es möglich, die Farbe auch direkt am Ansatz der Wimpern aufzutragen, was mit einer etwas breiteren Wimpernbürste oftmals nicht möglich ist.

11. Lippenfarbe

Die Lippen erhalten einen dezent roséfarbenen Hauch. Mit dem Lippenpinsel die Farbe in der Lippenmitte platzieren und zum Rand hin verblenden. Um unschöne Farbspuren auf den Zähnen zu vermeiden, die Lippen dabei geschlossen halten.

12. Rouge

Das Rouge, passend zur Lippenfarbe in einem frischen Roséton, mit einem Rougepinsel auf dem höchsten Punkt der Wangen kreisrund auftragen.

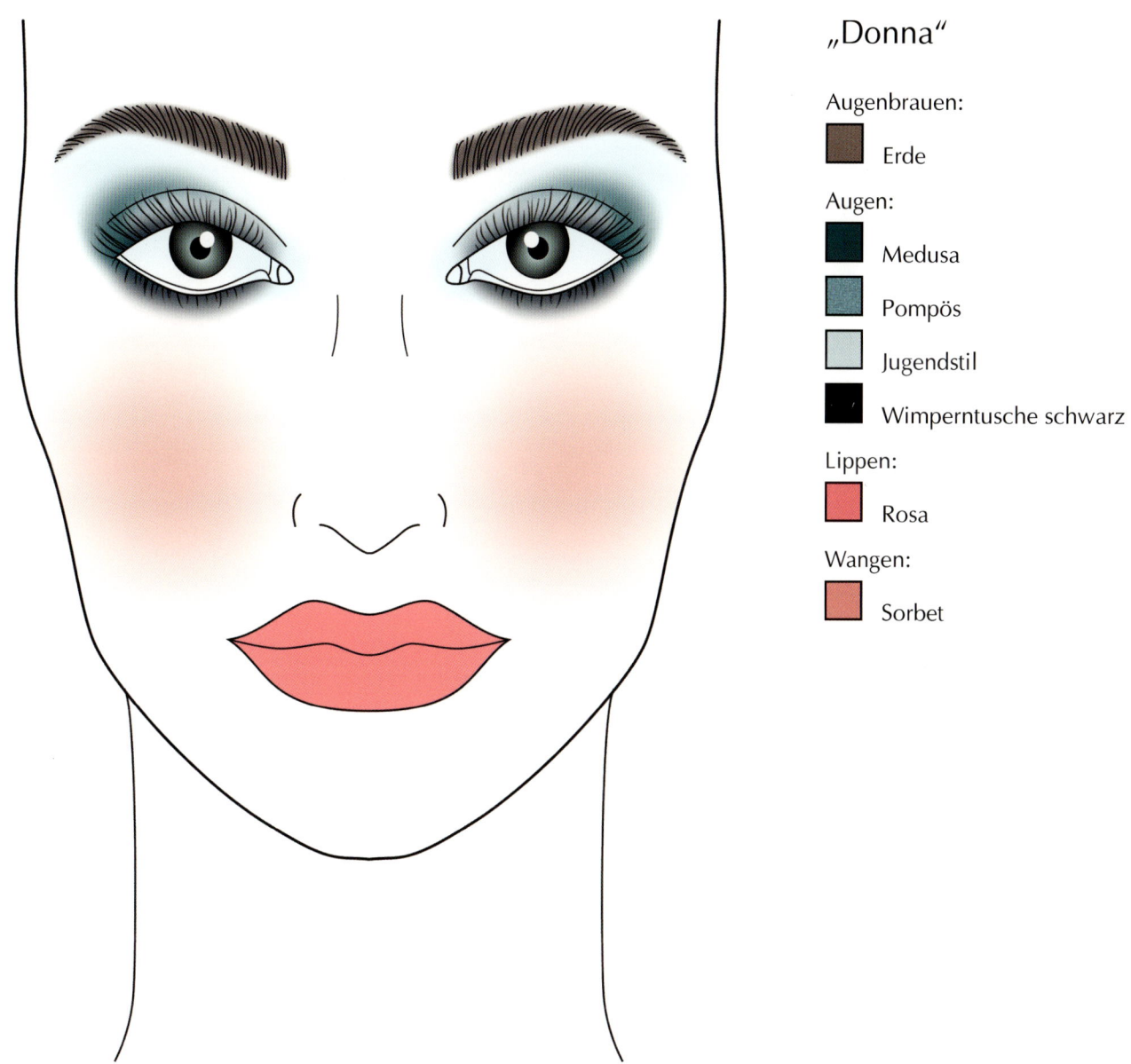

„Donna"

Augenbrauen:

■ Erde

Augen:

■ Medusa

■ Pompös

■ Jugendstil

■ Wimperntusche schwarz

Lippen:

■ Rosa

Wangen:

■ Sorbet

Beni Durrer Produkte für „Donna":

Grundierung:	Studio-Make-up Nr. 2, 6, 14
	Puder Nr. 2
	Pinsel Nr. 1, 30, 31
Augen:	Lidschatten „Erde", „Medusa", „Pompös", „Jugendstil"
	Wimperntusche schwarz
	Pinsel Nr. 7, 9, 15, 16, 26, 35, 66
Lippen:	Lippenfarbe „Rosa"
	Pinsel Nr. 20
Wangen:	Lidschatten „Sorbet"
	Pinsel Nr. 3

„DanaCouture" – Extravagant und glamourös

Tages-Version:

Mit „DanaCouture" präsentiere ich einen eleganten und zugleich glamourösen Look. Prunkvolle Töne in Champagner und Bronze versprühen Extravaganz und unterstreichen den mondänen Charakter dieses außergewöhnlichen Make-ups. „DanaCouture" macht Lust auf rauschende Ballnächte in prächtigen Kleidern. Ein Look für den glanzvollen Auftritt, der seine Trägerin zum strahlenden Mittelpunkt und zur Königin der Nacht werden lässt.

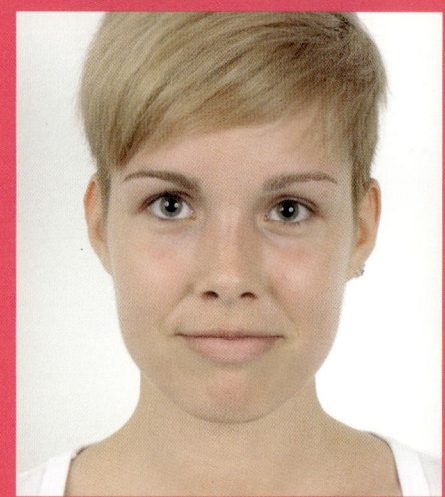

Von „DanaCouture" gibt es eine Tages- und eine Abendversion.

Der Name des Looks setzt sich aus „Haute Couture", so heißt eine verwendete Lidschattenfarbe, und dem Namen der Trägerin, Dana, bekannt aus „Germany's Next Topmodel", zusammen.

„Germany's Next Topmodel" – ja, ich gebe zu, ich schaue das! Ich bin immer wieder fasziniert von den Make-ups und Haarkreationen. Ich betreibe dann immer Studien, wie ich die Models schminken würde und was vielleicht sogar besser aussehen könnte. Durch die Ausbildung vieler Make-up-Artisten, die zum Teil auch für solche Sendungen tätig sind, kenne ich den Blick hinter die Kulissen; aber das ist eine andere Geschichte. Ich durfte im Laufe der letzten Jahre einige Teilnehmerinnen verschiedener Staffeln kennen lernen und habe einige auch geschminkt. Dana ist für mich ein ganz tolles Model und dabei auf dem Boden geblieben, was ich persönlich immer sehr wichtig finde. Sie hat es nicht ganz nach oben geschafft – bei mir war sie aber ganz weit oben! Es war ein sehr schönes Shooting, was uns allen viel Spaß gemacht hat.

Bildhinweis:

Make-up: Beni Durrer
Haare: Katharina Geske
Model: Dana Franke
Fotos: Christian Leschke, www.hasenbox.de
Kleider: Nanna Kuckuck, www.nanna-kuckuck.com
Hut: Andrea Curti von Chapeaux, www.chapeaux-hutmode-berlin.de

1. Grundierung

Hier wird das Gesicht mit einem dünnflüssigen Make-up in einem hellen, gelblichen Ton mit einem entsprechenden Grundierungspinsel grundiert.

2. Concealer

Die Partie unter den Augen mit einem rötlichen Make-up-Ton und einem kleineren Grundierungspinsel aufhellen.

3. Augenbrauen

Die Augenbrauen mit einem Augenbrauenbürstchen zunächst nach unten bürsten, dann mit einem abgeschrägten Augenkonturenpinsel und einer dem Haaransatz entsprechenden Lidschattenfarbe nachzeichnen und wieder nach oben bürsten.

4. Lidschatten, hell

Mit einem großen, weichen Augenschattierpinsel einen champagnerfarbenen Lidschatten großzügig auf die Partie unter den Augenbrauen auftragen. Das lässt die Augen hell und klar erscheinen und bietet eine ideale Grundlage für das Augen-Make-up.

5. Augeninnenwinkel

Im nächsten Schritt mit einem schrägen Augenschattierpinsel den inneren Augenwinkel und das bewegliche Lid zur Nasenwurzel hin mit einem hellbeigen Lidschatten aufhellen. Bei engstehenden Augen sollte ohnehin aufgehellt werden, damit sie optisch auseinander rücken.

6. Lidschatten, dunkel

Tupfen Sie einen bordeauxfarbenen Lidschatten mit einem Applikatorpinsel auf das bewegliche Lid und etwas über die Lidfalte hinaus auf. Am Wimpernrand intensiver arbeiten, nach oben hin dann fein auslaufen lassen.

7. Augenkontur
Unterhalb des Auges direkt unter dem Wimpernkranz mit einem schwarzen Konturenstift die Augenkontur von außen nach innen nachziehen. Dann mit einem Weichzeichner die Farbe nach unten fein verblenden, so dass keine harte Linie zu sehen ist.

8. Lidschatten, unten
Mit einem kleinen Einblendpinsel Lidschatten in Bronze und in einem etwas helleren Ton nacheinander auf die untere Kontur auftragen, jeweils nach außen und unten hin auslaufend. So wird die dunkle Kontur gesoftet und lässt das Auge größer erscheinen.

9. Wimpernperücke
Für einen verführerischen Augenaufschlag künstliche Wimpern auf die eigenen Wimpern applizieren.

10. Lippenkontur
Die Kontur der Lippen mit einem Konturenstift nachzeichnen. Hier werden die Lippen oben etwas vergrößert und unten etwas verkleinert, so dass die Form harmonischer wirkt. Danach die Kontur nach innen verblenden und die Ecken ausmalen.

11. Lippenfarbe
Die Lippenfarbe in einem ausgeblichenen Rosa mit einem Lippenpinsel in der Mitte der Lippen platzieren und zum Rand hin sanft ausblenden. So wirken die Lippen dreidimensional und damit auch voller.

12. Lippenlack
Lippenlack lässt die Lippen noch voller erscheinen.

13. Wimperntusche

Wenn der Wimpernkleber der Wimpernperücke trocken ist, die eigenen Wimpern zusammen mit den künstlichen Wimpern tuschen. Bei Einzelwimpern bitte vorher tuschen, da sie sonst aufgrund des kleinen Klebepunktes wieder ausgerissen werden könnten.

14. Rouge

Wangenrouge passend zur Lippenfarbe in einem zarten Roséton am höchsten Punkt der Wangen auftragen.

Ein Make-up, das Glamour und Extravaganz versprüht!

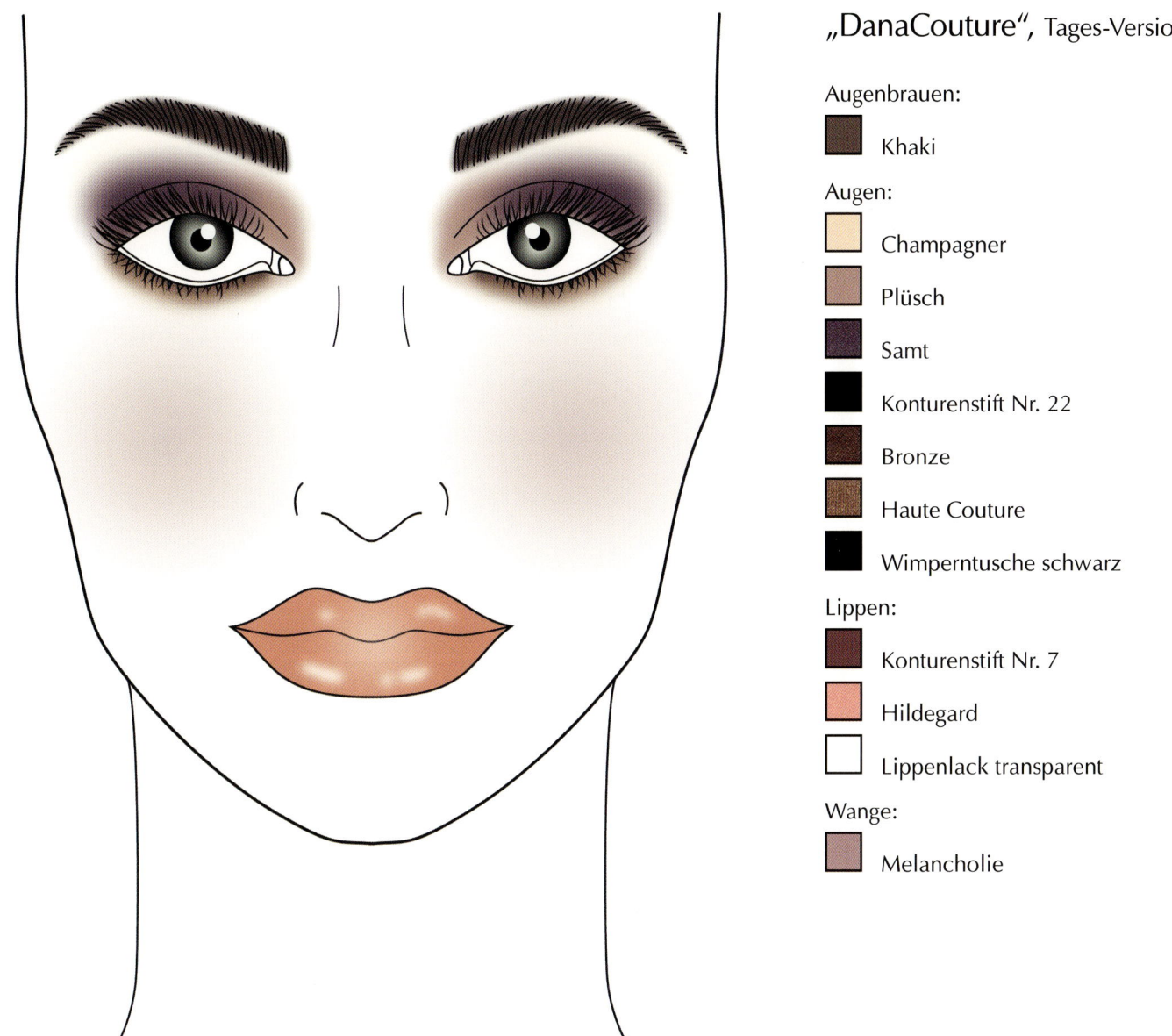

„DanaCouture", Tages-Version

Augenbrauen:

◼ Khaki

Augen:

◻ Champagner

◻ Plüsch

◼ Samt

◼ Konturenstift Nr. 22

◼ Bronze

◼ Haute Couture

◼ Wimperntusche schwarz

Lippen:

◼ Konturenstift Nr. 7

◻ Hildegard

◻ Lippenlack transparent

Wange:

◼ Melancholie

Beni Durrer Produkte für „DanaCouture", Tages-Version:

Grundierung: HDTV-Make-up Nr. 110, 220
Puder Nr. 2
Pinsel Nr. 1, 31, 42

Augen: Lidschatten „Khaki", „Champagner", „Bronze",
„Haute Couture", „Plüsch", „Samt"
Konturenstift Nr. 22
Wimperntusche schwarz
Wimpernperücke „Filmstar B"
Pinsel Nr. 7, 8, 9, 14, 15, 16, 35, 37

Lippen: Konturenstift Nr. 7
Lippenfarbe „Hildegard"
Lippenlack transparent
Pinsel Nr. 20

Wangen: Lidschatten „Melancholie"
Pinsel Nr. 3

Abend-Version:

Für den Abend und den Auftritt in einer prächtigen Haute-Couture-Robe darf und muss „DanaCouture" – aufbauend auf der Tagesversion – stärker geschminkt werden. Für einen unwiderstehlichen Look werden die Augenbrauen im Stil der Zwanziger-Jahre nach unten über die Linie hinaus verlängert. Mit losen Farbpigmenten wird das Augen-Make-up unterhalb der Augen am äußeren Augenwinkel deutlich verstärkt und nach unten gezogen. Wimpernperücken unterstreichen den mondänen Charakter dieses Make-ups.

DanaCouture

15. Augenbrauen

Die Augenbrauen im Stil der Zwanziger Jahre mit einem schrägen Augenkonturenpinsel und der gleichen Lidschattenfarbe wie bei der Tages-Version nach unten über die Linie hinaus verlängern.

16. Lidschatten, oben

Mit einem dunklen rosenholzfarbenen Lidschatten die Lidfalte mit dem schrägen Augenschattierpinsel bis zum inneren Augenwinkel nacharbeiten.

17. Lidschatten, unten

Arbeiten Sie auch die untere Augenkontur mit dem Rosenholzton und einem schrägen Augenkonturenpinsel nach.

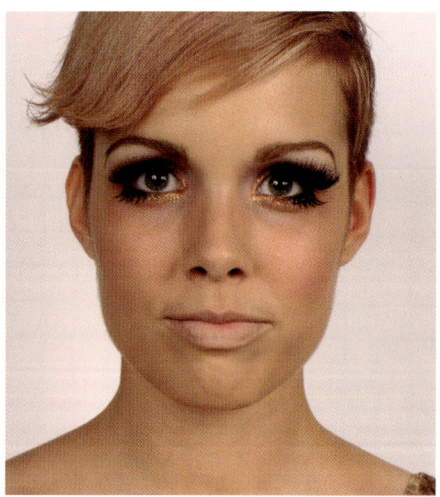

18. Lidschatten, bronze

Die unter Punkt 8 verwendeten bronzenen Lidschatten mit einem kleinen Augenschattierpinsel am äußeren Augenwinkel deutlich verstärken und nach unten ziehen. Anschließend lose Farbpigmente in einem hellen Bronzeton darüber geben und bis zu den Wangenknochen hin auftragen.

19. Effekte

Mit einem Synthetikpinsel eine helle Lippenfarbe als fixierende Unterlage am inneren Augenwinkel auftupfen und kupferfarbenen, glänzenden Glimmer aufbringen. Herabgefallene Glimmerpartikel mit einem Klebestreifen vorsichtig abtupfen!

20. Wimpernperücken

Am oberen Wimpernrand eine dichte, lange Wimpernperücke aufkleben; als Gegensatz eine sehr auffällige Wimpernperücke mit Strasssteinchen am unteren Wimpernrand aufbringen.

21. Wangenhighlight
Mit einem kleinen Puderpinsel einen hellen Bronzeton großzügig auf die Wangenknochen auftragen, um diese optisch in den Vordergrund zu rücken.

22. Konturierung
Die Partie unter den Wangenknochen als Gegensatz zu dem hellen Bronzeton mit einem Rosenholzton mithilfe eines Konturenpinsels einfärben.

23. Lippen
Die Lippenkontur von der Mitte her, aber nicht ganz bis zu den Mundwinkeln hin auslaufend, mit einem Konturenstift betonen. Lippenfarben in kräftigen Rot-Gold-Tönen lassen die Lippen strahlen. Bei dieser Version bleiben die Mundwinkel fast ungeschminkt.

Werden Sie zur Königin der
Nacht – mit „DanaCouture"!

„DanaCouture", Abend-Version

Augen:
- Magnolie

Effekte
- Sternenstaub Jupiter
- Glimmer Theater

Lippen:
- Konturenstift Nr. 11
- Inferno
- Stolz
- Lippenlack transparent

Wangen:
- Magnolie

Zusätzliche Produkte „DanaCouture", Abend-Version:

Augen:
Lidschatten „Magnolie"
Sternenstaub „Jupiter"
Lippenfarbe „Stolz" (als fixierende Unterlage für Effekte)
Glimmer „Theater"
Wimpernperücke „Dessous", „Supermodel B"
Pinsel Nr. 29

Lippen:
Konturenstift Nr. 11
Lippenfarben „Inferno", „Stolz"

Wangen:
Lidschatten „Magnolie"
Pinsel Nr. 5

„Begierde" – Weiblichkeit perfekt inszeniert

„Begierde" verleiht der Trägerin mit einem glamourösen Make-up und Smokey-Eyes in warmen Brauntönen mit einem Hauch von Grün und Gold das Aussehen einer atemberaubenden Diva und macht sie zum Mittelpunkt einer jeden rauschenden Ballnacht. Ein Look, der Extravaganz und Weiblichkeit inszeniert, Begierde auf das Leben verheißt und mit dem Glamour Hollywoods der 40er Jahre strahlt.

Namensgeberin des Looks ist die Lippenfarbe „Begierde".

Als Model konnte ich Luci van Org (ehemals „Lucilectric") gewinnen, die schon lange kein „Mädchen" mehr ist und als Autorin, Schauspielerin und mit ihren musikalischen Projekten „Das Haus von Luci" und „Übermutter" Erfolge feiert.

Die Idee dieser schönen Zusammenarbeit entstand während der „Gay Night at the Zoo", ein Swing-Konzert mit Orchester und Luci van Org im Berliner Zoo, das seit einigen Jahren wiederkehrend stattfindet. Für dieses Konzert schminkte ich Luci van Org. Ihr Styling an diesem Abend, das perfekt zu den Swing-Arrangements des Konzerts passte, war für mich Inspiration für den Look „Begierde". Es war aber nicht die erste Zusammenarbeit von mir und Luci van Org. Die Sängerin schenkte mir ihr Gesicht schon einmal für die Kampagne der „Beni Durrer Wimperntusche".

Begierde

BD
Beni Durrer

1. Grundierung

Mit einem Grundierungspinsel flüssiges Make-up kreisrund auftragen und mit Puder fixieren. Die flüssige Textur ist extrem stark pigmentiert und deckt somit perfekt ab, sieht gleichzeitig aber sehr natürlich aus.

2. Augenbrauen

Die Augenbrauen zunächst mit einer Augenbrauenbürste nach unten bürsten und anschließend mit einem abgeschrägten Augenkonturenpinsel und einer dem Haaransatz entsprechenden Lidschattenfarbe nachzeichnen. Die Brauen wieder in Form bürsten und überschüssige Farbe sanft abnehmen.

3. Augenkontur

Umranden Sie die Augen nun mit einem tiefschwarzen Konturenstift, wobei Sie auch den inneren Lidrand und das Augeninnenlid schwarz einfärben. So wird dem Auge die für Smokey-Eyes charakteristische Tiefe verliehen. Die harten Linien dann mit einem radiergummiartigen Weichzeichner verblenden.

4. Lidschatten, braun

Tupfen Sie mit einem Applikatorpinsel einen dunkelbraunen Lidschatten auf das bewegliche Augenlid vom Wimpernkranz bis über die Lidfalte hinaus auf. Anschließend die Farbe in Richtung Augenbrauen aussoften. Auch die untere Augenkontur mit dem schrägen Augenkonturenpinsel nacharbeiten.

5. Lidschatten, grün

Mit dem Applikatorpinsel einen Grünton mit Goldpigmenten über die dunkelbraune Lidschattenfarbe auftragen und auslaufen lassen. Diesen Ton auch unterhalb des Auges mit einem kurzen Lidfaltenpinsel applizieren. Die obere und untere Kontur am äußeren Augenwinkel miteinander verbinden.

6. Highlight

Um dem Auge Glanz zu verleihen und es glamourös in Szene zu setzen, applizieren Sie mit einem kleinen Fächerpinsel direkt unter der Braue als Highlight einen zarten, glänzenden Elfenbeinton.

7. Wimpern

Für einen intensiveren Effekt zunächst eine Wimpernperücke auf die eigenen Wimpern aufkleben. Nach dem Trocknen des Wimpernklebers, die Wimpern schwarz tuschen und mit den künstlichen Wimpern verbinden.

8. Lippen

Die Lippenkontur in einem warmen Rotton nachzeichnen und nach innen verblenden. Mit einer orangeroten Lippenfarbe die Lippen mit einem Lippenpinsel ausfüllen und abschließend Lippenlack darüber geben.

9. Rouge

Um dem Gesicht Frische zu verleihen, mit einem Rougepinsel eine zum Lippen-Make-up passende Lidschattenfarbe als Rouge auf die Wangen aufbringen.

Eine Diva der 40er Jahre ist entstanden; glamourös, sinnlich und verführerisch – voll Begierde auf das Leben!

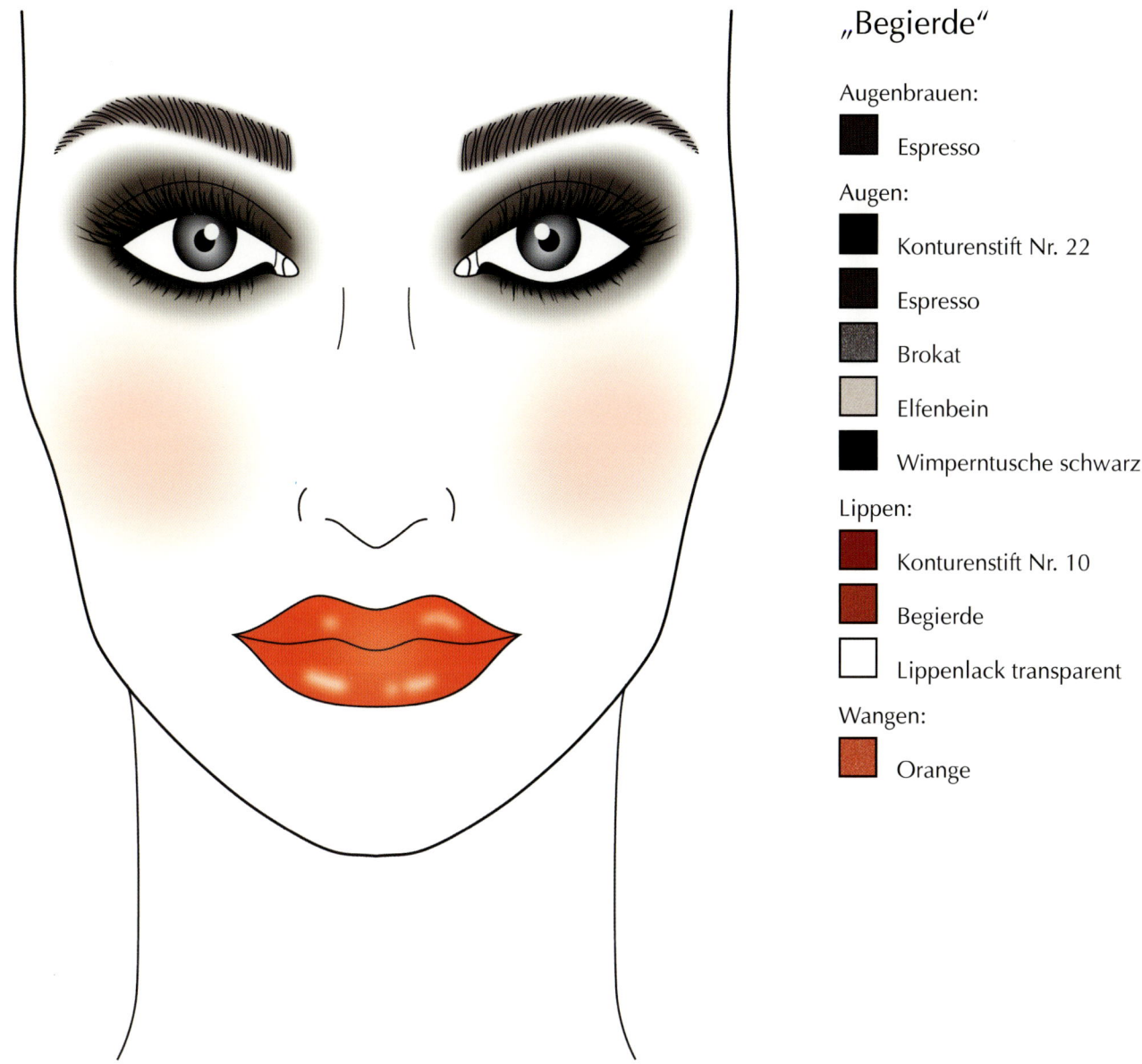

„Begierde"

Augenbrauen:

Espresso

Augen:

Konturenstift Nr. 22

Espresso

Brokat

Elfenbein

Wimperntusche schwarz

Lippen:

Konturenstift Nr. 10

Begierde

Lippenlack transparent

Wangen:

Orange

Beni Durrer Produkte für „Begierde":

Grundierung:	HDTV-Make-up Nr. 220
	Puder Nr. 2
	Pinsel Nr. 1, 42
Augen:	Lidschatten „Espresso", „Brokat", „Elfenbein"
	Konturenstift Nr. 22
	Wimperntusche schwarz
	Wimpernperücke „Schwarze Witwe"
	Pinsel Nr. 7, 8, 9, 13, 33, 35
Lippen:	Konturenstift Nr. 10
	Lippenfarbe „Begierde"
	Lippenlack transparent
	Pinsel Nr. 20
Wangen:	Lidschattenfarbe „Happy"
	Pinsel Nr. 3

„Magie" – Luxuriös und dramatisch

Entdecken Sie die Magie der Schönheit! Mit „Magie" habe ich ein Make-up kreiert, das mit kräftigen Farben luxuriös und geheimnisvoll zugleich den Zauber der Schönheit zelebriert. Eine raffinierte Farbkombination aus mattem Schwarz, strahlendem Weiß, edlem Silber und mystischem Anthrazit mit einem Hauch Mitternachtsblau verleiht den Augen eine sinnliche Tiefe. Die Lippen erstrahlen in klassischem Rot und setzen einen betörenden Akzent. Jede Frau kann magisch erstrahlen; mit Make-up, das die Schönheit weckt!

Ausgerechnet während der Berliner Fashionweek musste ich für das Shooting ein geeignetes Model finden, beinahe unmöglich! Völlig entnervt saß ich dann in meinem Lieblingsrestaurant, da entdeckte ich vier Tische weiter ein tolles Gesicht: dramatisch, elegant, perfekt! Ich fragte sie, ob sie mein neues Model sein möchte – und sie wollte! Im Gegensatz zu vielen „Möchtegern-Models" hat Roberta keine Erfahrungen im Modeln und ist dennoch ein Naturtalent. Es hat sehr viel Spaß gemacht, mit ihr zu arbeiten.

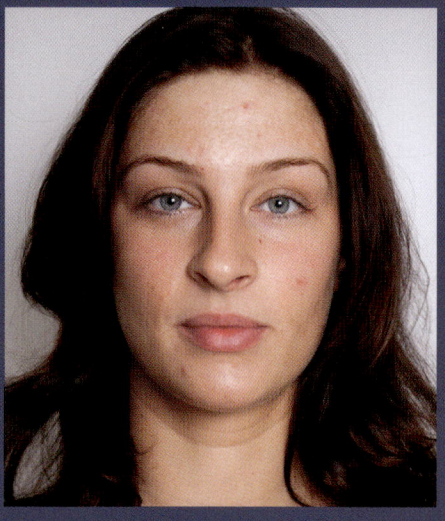

Roberta hatte in ihrer Jugend starke Akne, die ihre Spuren hinterlassen hat.

Bildhinweis:

Make-up: Beni Durrer
Haare: Philipp J. Frey
Model: Roberta Jo
Fotos: Joachim Bloch, www.joachimblochphotos.de
Kleid: Fritschers, www.marco-fritscher.com
Hut: Sneshina Petrov, www.mein-sahnehaeubchen.de

Magie

BD Beni Durrer

1. Grundierung

Mit einem Grundierungspinsel ein stark deckendes Creme-Make-up von der Gesichtsmitte zum Rand hin auslaufend in kreisrunden Bewegungen applizieren. Durch die Konsistenz wird das hier sehr unruhige Hautrelief etwas geglättet.

2. Fixierung

Die Grundierung mit einem Puderpinsel und einem kompakten Make-up auf Puderbasis fixieren. Dadurch wird das Make-up noch deckender und das Gesicht wirkt wie durch einen Filter, den man aus der Fotografie kennt, „weichgezeichnet".

3. Augenbrauen

Die Augenbrauen mit einem braunen Lidschatten und einem schrägen Augenkonturenpinsel am oberen Rand nachzeichnen und mit einer Wimpernbürste nach oben in Form bürsten, bis die Augenbrauen eine natürliche, aber definierte Form erhalten.

4. Konturenstift

Mit einem tiefschwarzen Konturenstift die Augen rundherum einrahmen und in der Lidfalte eine Linie zeichnen, die in der Mitte des beweglichen Lids frei bleibt. Die Ecken (äußerer und innerer Augenwinkel) ebenfalls ausfüllen.

5. Verblenden

Diese Kontur mit einem kleinen Einblendpinsel sanft verblenden und die harten Linien des Konturenstiftes aussoften. Die Kontur erscheint so weicher, verleiht dem Auge aber Tiefe.

6. Lidschatten, weiß

Mit einer weißen Lidschattenfarbe und einem großen, schrägen Augenschattierpinsel alle Stellen aufhellen, die hervortreten sollen: das bewegliche Lid in der Mitte, unter der Augenbraue am höchsten Punkt, an der Nasenwurzel neben dem inneren Augenwinkel und unter den Augen am inneren Augenwinkel.

7. Kontur, unten
Geben Sie über die untere Kontur des Konturenstiftes nun mit einem kurzen, runden Lidfaltenpinsel eine schwarze Lidschattenfarbe. Dadurch wird die Kontur fixiert und hält noch besser.

8. Kontur, oben
Auch die obere Augenkontur sowie den äußeren und inneren Augenwinkel mit dem schwarzen Lidschatten und dem gleichen Pinsel eindunkeln und fixieren.

9. Lidschatten, graublau
Nun einen dunklen Graublau-Ton mit silbernem Schimmer mithilfe eines kleinen Augenschattierpinsels in den inneren und äußeren Augenwinkeln platzieren. Diese Farbe auch in der Lidfalte auftragen und den Pinsel scheibenwischerartig hin- und herbewegen und Richtung Augenbraue ausblenden.

10. Augenkontur
Mit diesem Ton mit einem kurzen Lidfaltenpinsel die Augenkontur nochmals nacharbeiten. Die Farbe deutlich weiter als die schwarze Kontur nach außen ziehen. Das Auge wirkt optisch noch größer.

11. Highlight
Im Anschluss mit einem großen, schrägen Augenschattierpinsel auf dem beweglichen Lid in der Mitte und unter der Braue am höchsten Punkt einen hellen, glänzenden Silberton auftragen.

12. Wimpern
Nun am oberen Wimpernrand eine Wimpernperücke aus glänzenden, schwarzen Lackwimpern aufkleben. Die unteren Wimpern schwarz tuschen.

13. Lippenkontur

Zunächst die Lippen mit einem Konturenstift in einem kühlen Rotton exakt nachzeichnen und gegebenenfalls korrigieren und nach innen verblenden.

14. Lippenfarbe

Im Anschluss die Lippen in einem klassischen, matten Rotton von der Mitte zum Rand hin mit einem Lippenpinsel einfärben.

15. Lippenlack

Mit dem gleichen Pinsel dann noch einen transparenten Lippenlack darüber geben, das verleiht den Lippen Fülle und Glanz.

16. Konturierung

Dunkeln Sie mit einem rötlichen und sehr viel dunkleren Puder-Make-up als die Grundierung und einem Konturenpinsel den Bereich unterhalb der Wangenknochen ein. Das Gesicht wird so konturiert und akzentuiert.

Passend zu diesem glamourösen Look trägt das Model eine elegante Frisur mit Hut sowie ein wunderschönes Abendkleid.

Entdecken Sie
die „Magie"
der Schönheit!

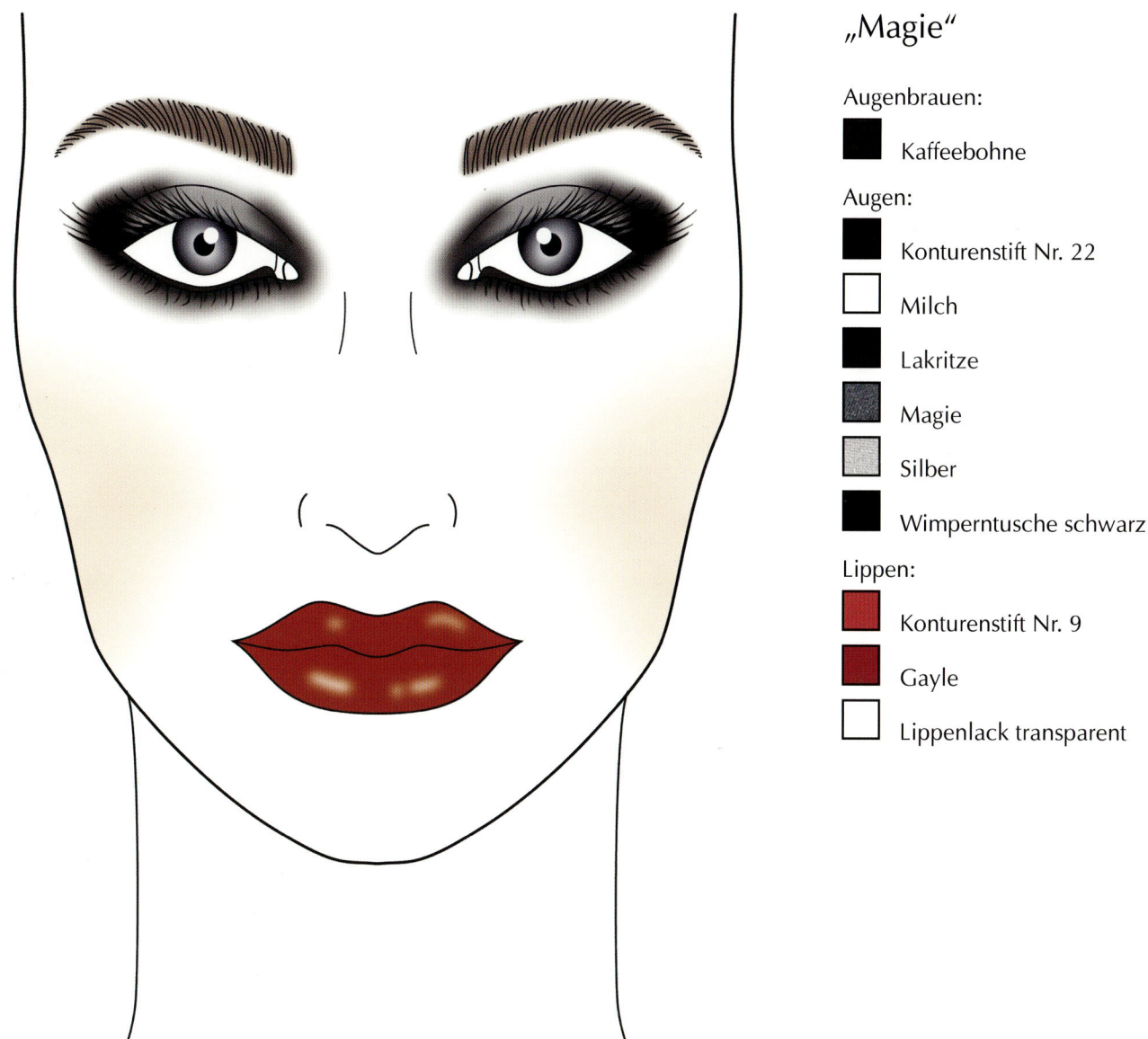

„Magie"

Augenbrauen:
■ Kaffeebohne

Augen:
■ Konturenstift Nr. 22
□ Milch
■ Lakritze
■ Magie
■ Silber
■ Wimperntusche schwarz

Lippen:
■ Konturenstift Nr. 9
■ Gayle
□ Lippenlack transparent

Beni Durrer Produkte für „Magie":

Grundierung:	Studio-Make-up Nr. 12
	Make-up² Nr. 12
	Pinsel Nr. 1, 30, 31
Augen:	Lidschatten „Kaffeebohne", „Milch", „Lakritze", „Magie", „Silber"
	Konturenstift Nr. 22
	Wimpernperücke „Metropolis"
	Wimperntusche schwarz
	Pinsel Nr. 7, 9, 13, 14, 15, 16, 37, 66
Lippen:	Konturenstift Nr. 9
	Lippenfarbe „Gayle"
	Lippenlack transparent
	Pinsel Nr. 22
Wangen:	Make-up² Nr. 17
	Pinsel Nr. 4

„Colour-Blocking" – Sonniges Gelb trifft auf edles Blau

Poppige Farben extravagant miteinander kombiniert, das ist Colour-Blocking und derzeit total angesagt – auch beim Make-up. Für diesen Trend-Look tauche ich die Augen in strahlendes Sonnengelb und tiefes Blau. Das farbexplosive Make-up setzt aufregende Akzente und ist dabei unbeschwert und farbenfroh.

Das Gesicht des Looks ist Carina Noack, eine ehemalige Miss Berlin, die ich beim ADAC Ball kennenlernte. Der Manager von Prinzessin Maja von Hohenzollern stellte sie mir vor und empfahl mir ein Shooting mit ihr zu machen. Einige Tage später erhielt ich einen Auftrag für ein Shooting; zufällig meldete sich Carina zu diesem Zeitpunkt und ich sagte ihr sofort zu. Ich war wirklich begeistert von ihrer sehr netten und professionellen Art. Sie wusste sofort wie sie sich hinstellen musste, hatte viele Posen und verschiedene Gesichtsausdrücke anzubieten – es war ein tolles Shooting und garantiert nicht das letzte! Sie trägt ein Kleid von Jung-Designer Sebastian Ellrich, der mit seinen hippen Entwürfen u.a. auf der Berliner Fashionweek große Erfolge feierte.

Bildhinweis:

Make-up: Beni Durrer
Haare: Philipp J. Frey
Model: Carina Noack, www.carina-noack.de
Fotos: Thomas Boss, www.thomas-boss.de, Ilja Keller
Kleider: Sebastian Ellrich, www.sebastianellrich.com

Blau und Gelb frech miteinander
kombiniert, das ist „Colour-Blocking"!

1. Grundierung

Für einen perfekten Teint ein kompaktes Puder-Make-up mit einem großen Puderpinsel auftragen. Für ein natürliches Ergebnis sollten Sie einen Farbton verwenden, der der natürlichen Hautfarbe am Hals entspricht.

2. Augenbrauen

Zunächst die Brauen mit einem Augenbrauenbürstchen nach unten bürsten. Mit einem abgeschrägten Augenkonturenpinsel die Augenbrauen an der oberen Kante mit einem dunkelbraunen Lidschattenton nachzeichnen und perfektionieren. Anschließend wieder nach oben bürsten.

3. Augenkontur

Mit dem gleichen Augenkonturenpinsel und dem dunkelbraunen Lidschatten die Augenkonturen deutlich verstärken. Dafür unterhalb des Auges von außen nach innen eine Linie ziehen und dann schräg zur Linie mit dem Pinsel nach unten ausstreichen.

4. Lidfalte

Mit der gleichen Lidschattenfarbe und einem Lidfaltenpinsel wird nun auch die Lidfalte eingedunkelt und nach oben in Richtung Augenbrauen verblendet. Arbeiten Sie mit einem kleinen Augenschattierpinsel, der etwas dicker als der Lidfaltenpinsel ist, ohne nochmals Farbe aufzunehmen.

5. Highlight

Im nächsten Schritt mit einem großen Augenschattierpinsel und einem champagnerfarbenen Lidschatten die Partie unter der Augenbraue und rund um das Auge aufhellen. So wirken die Augen frischer.

6. Lidschatten, gelb

Einen knalligen Gelbton mit einem kleinen, abgeschrägten Augenschattierpinsel am inneren Augenwinkel platzieren und sanft ausblenden. Achten Sie darauf, nicht zu viel auszublenden, da die Farbe stark sichtbar bleiben soll.

7. Lidschatten, blau

Tupfen Sie mit einem Lidschattenapplikator einen warmen Blauton aufs bewegliche Lid auf und lassen Sie ihn an den Rändern sanft auslaufen; harte Linien unbedingt vermeiden.

8. Wimpern

Nun die Wimpern unten und oben kräftig in Schwarz tuschen; bei Bedarf können auch Einzelwimpern in unterschiedlichen Längen gesetzt werden, um die Wimpern voller erscheinen zu lassen.

9. Lippen

Ein kräftiges Korallrot, das mit dem Lippenpinsel appliziert wird, setzt die Lippen perfekt in Szene.

10. Rouge

Passend zur Lippenstiftfarbe Rouge in Korallrot auf dem höchsten Punkt der Wange mit einem Rougepinsel applizieren.

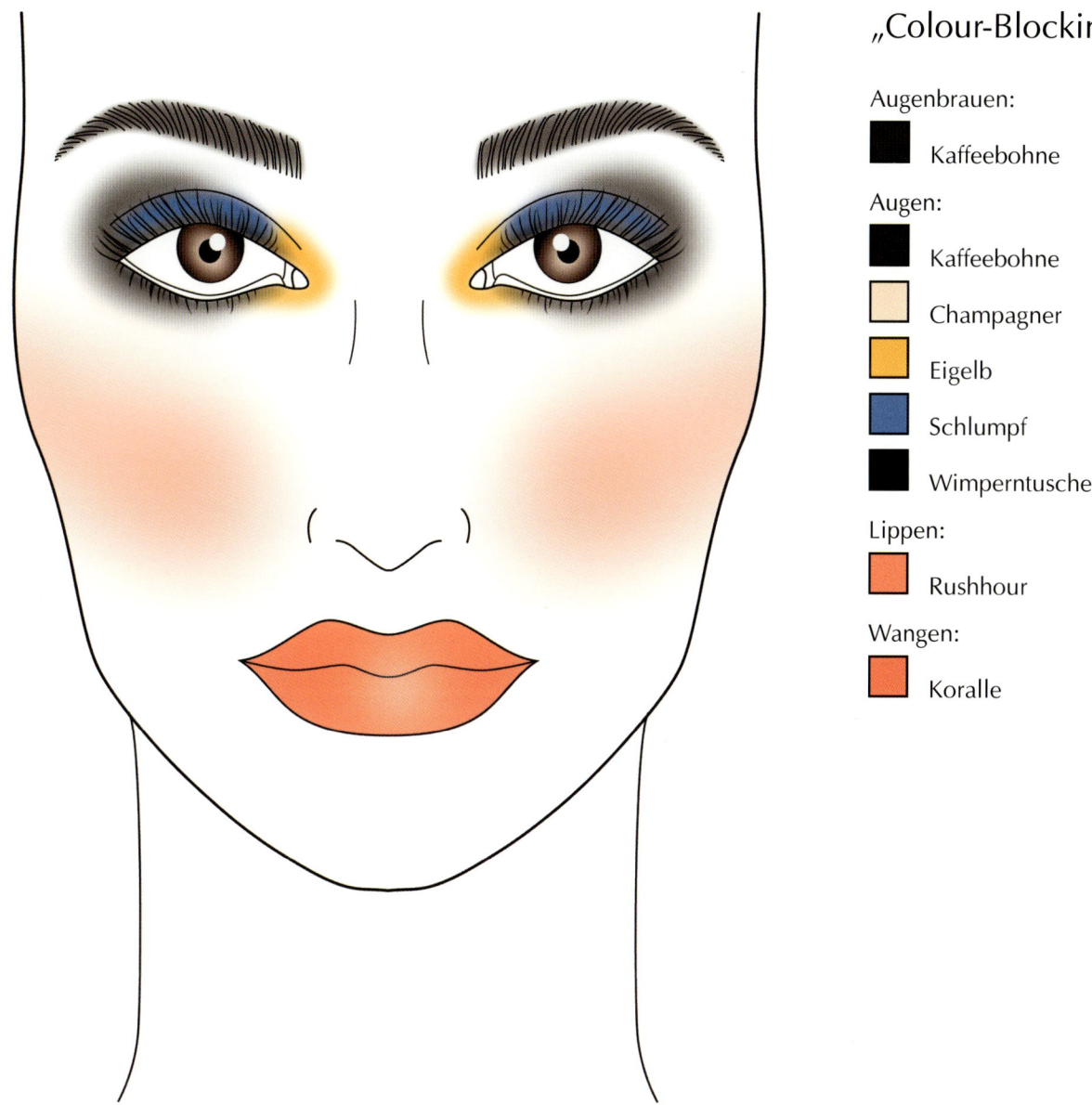

„Colour-Blocking"

Augenbrauen:
■ Kaffeebohne

Augen:
■ Kaffeebohne
□ Champagner
■ Eigelb
■ Schlumpf
■ Wimperntusche schwarz

Lippen:
■ Rushhour

Wangen:
■ Koralle

Beni Durrer Produkte für „Colour-Blocking":

Grundierung: Make-up² Nr. 10
Pinsel Nr. 1

Augen: Lidschatten „Kaffeebohne", „Champagner", „Eigelb",
„Schlumpf"
Wimperntusche schwarz
Pinsel Nr. 7, 9, 12, 14, 15, 26

Lippen: Lippenstift „Rushhour"
Pinsel Nr. 22

Wangen: Lidschatten „Koralle"
Pinsel Nr. 3

Extrem-Version:

Für diese etwas stärkere Version des Looks verwende ich Accessoires wie Strasssteinchen in Lichtblau und eine extrem lange, blaue Wimpernperücke – so können durch wenige zusätzliche Effekte glamouröse Highlights gesetzt und ein anderer Look gezaubert werden.

„BonBon" – Süß und farbenfroh

Tages-Version:

Dieses Make-up, so süß und farbenfroh wie ein Bonbon, lässt die Augen in frischen Grün-, Gelb- und Blaunuancen erstrahlen. Kräftiges Lila zieht mit poppigem Orange im Gepäck an die Farbenfront – für kühne Akzente auf Augen und Wangen. Das farbexplosive Zusammenspiel kreiert aufregende Kontraste und einen erfrischend anderen Look.

Mit „BonBon" lasse ich die Augen in einem hellen Lindgrün erstrahlen, das gemeinsam mit einem matten Dunkelblau einen intensiven Kontrast bildet und dem Augen-Make-up Spannung verleiht. Unter der Braue setzt ein heller Vanilleton ein zuckersüßes Highlight. Namensgeberin des Looks ist die Lidschattenfarbe „Bonbon", ein Orangeton, der als Rouge verwendet die freche Unbeschwertheit des Looks unterstreicht.

Und weil der Look nicht nur einfach „bon" (französisch für „gut") heißt, sondern „BonBon", ist er auch gleich doppelt gut. Neben dem dezenten Tages-Make-up habe ich auch eine intensivere Version kreiert, bei der ein dunkler lilafarbener Lidschatten rund um die Augen appliziert wird und sie so gekonnt in Szene setzt – süß und farbenfroh wie ein Bonbon und „très bon bon"!

Mein Model für dieses Make-up ist Ramona, Friseurmeisterin in dritter Generation, die nach Berlin kam, um an meiner Make-up-Schule zu lernen. Sie fiel mir nicht nur durch ihr Können auf, was ihr scheinbar in die Wiege gelegt wurde, sondern auch durch ihren unglaublichen Fleiß und ihre liebe, verbindliche, freundliche und offene Art. So wunderte ich mich nicht, dass sie auch spontan ja zu dem Shooting sagte.

Ramona hat ein ganz klassisches Gesicht, ebenmäßige Gesichtszüge und ein unauffälliges Hautbild mit ein paar Unreinheiten. Kaum Makel, so dass ich auch in der Kreation des Make-ups sehr frei war. Das bestätigte sie mir dann auch, als sie mir erzählte, dass sie schon alle Haarfarben getragen hatte! Eine kleine Linda Evangelista? Ich war gespannt…

Heute arbeitet Ramona bei uns im Flagshipstore als Friseurmeisterin und Make-up-Artist!

Bildhinweis:

Make-up: Beni Durrer
Assistenz: Daniel Schleicher
Haare: Philipp J. Frey
Model: Ramona Salatsch
Fotos: Thomas Boss, www.thomas-boss.de
Kleider: Sebastian Ellrich, www.sebastianellrich.com

1. Grundierung

Zunächst mit einem Grundierungspinsel eine mittlere, deckende Grundierung von der Gesichtsmitte zum Rand hin auslaufend auftragen. Mit einem kleineren Grundierungspinsel die Partie um die Augen grundieren.

2. Fixierung

Kompaktes Make-up auf Puderbasis mit einem großen Puderpinsel auftupfen. So wird die Grundierung haltbar und bleibt lange matt, was vor allem für Foto-Make-ups sehr wichtig ist.

3. Augenbrauen

Die Augenbrauen zunächst mit einer Augenbrauenbürste nach unten bürsten und anschließend mit einem schrägen Augenkonturenpinsel und einem zur natürlichen Haarfarbe passenden Lidschatten am oberen Ende exakt nachziehen und entsprechend verlängern, eventuelle Lücken schließen.

4. Lidschatten, hellgelb

Mit einem großen, weichen Augenschattierpinsel eine hellgelbe, matte Lidschattenfarbe als Highlight unter der Braue und großzügig um das Auge herum auslaufend auftragen.

5. Lidschatten, hellgrün

Mit einem abgeschrägten Applikatorpinsel ein frisches, helles Lindgrün auf das bewegliche, geschlossene Lid auftragen. Die Farbe am Wimpernkranz am intensivsten applizieren und nach oben bis über die Lidfalte hinaus auslaufen lassen.

6. Lidschatten, dunkelblau

Unter dem Auge einen matten, dunkelblauen Farbton mit einem kleinen Einblendpinsel auftragen und nach unten ausblenden. Das Blau bildet einen extremen Kontrast zu dem hellen Grünton und verleiht dem Augen-Make-up dadurch eine spannende Dynamik.

7. Wimpern

Die Wimpern sehr stark tuschen. Um auch den Ansatz der Härchen zu erreichen, empfiehlt es sich, mit einem kleinen Fächerpinsel zu arbeiten. Einfach mit dem Wimpernpinsel die Farbe vom Bürstchen der Wimperntusche abnehmen und die Wimpern damit einfärben, ganz am Ansatz beginnen und nach außen ausstreichen, oben und unten wiederholen.

8. Lippenkontur

Die Kontur der Lippe exakt mit einem weichen, rotbraunen Konturenstift nachzeichnen, eventuell korrigieren. Dabei die Ecken und vom Rand her die Lippen einfärben. Dadurch erhält die Lippe nicht nur eine plastischere Form, auch wenn die Lippenfarbe verblasst, bleibt so eine schöne Form erhalten.

9. Lippenfarbe

Mit einem Lippenpinsel eine rostorangebraune Lippenfarbe auf die Lippen auftragen. Die Lippen sind dabei geschlossen, so dass die Lippenfarbe nicht auf die Zähne kommt. Durch den metallischen Glanz dieser Farbe wirken die Lippen noch plastischer.

10. Rouge

Lidschatten in intensivem Orange wird hier als Wangenrouge verwendet und kreisrund mit einem kleinen Rougepinsel auf die Wangen aufgetragen, nach hinten zu den Schläfen ausblenden.

11. Haare

Für das Finish werden die Haare hier mit Extensions verlängert, mit dem Glätteisen geglättet und abschließend etwas wellig gestaltet, so wirken sie lebendiger.

„BonBon", Tages-Version

Augenbrauen:

■ Erde

Augen:

□ Vanille

■ Linde

■ Gigolo

■ Wimperntusche schwarz

Lippen:

■ Konturenstift Nr. 5

■ Göre

Wangen:

■ Bonbon

Beni Durrer Produkte für „BonBon", Tages-Version:

Grundierung:	Studio-Make-up Nr. 8
	Make-up² Nr. 10
	Pinsel Nr. 1, 39
Augen:	Lidschatten „Erde", „Linde", „Gigolo", „Vanille"
	Wimperntusche schwarz
	Pinsel Nr. 7, 9, 15, 35, 37, 66
Lippen:	Konturenstift Nr. 5
	Lippenfarbe „Göre"
	Pinsel Nr. 22
Wangen:	Lidschatten „Bonbon"
	Pinsel Nr. 3

Extrem-Version:

Für die extremere Version von „BonBon" werden, aufbauend auf der Tages-Version, zunächst die Farben des Augen-Make-ups, mit Ausnahme des Blautons, kräftiger nachgearbeitet, bevor es mit Step 12 weitergeht.

Für das Finish der Extrem-Version werden hier die Extensions wieder entfernt und es wird mit den eigenen Haaren ein lockerer Bauernzopf um den Kopf herum geflochten.

12. Lidschatten, unten

Zusätzlich einen dunklen Lilaton mit dem kleinen Einblendpinsel unterhalb des Auges auftragen und über den blauen Lidschatten nach außen verlängern.

13. Lidschatten, oben

Den lilafarbenen Lidschatten mit einem kleinen Augenschattierpinsel auch oben in der Lidfalte am äußeren Augenwinkel auftragen, so dass die Farbe auch bei geöffnetem Auge gut erkennbar ist. Den Lidschatten mit der unteren Kontur am äußeren Augenwinkel verbinden.

14. Augeninnenlid

Mit einem sehr kleinen, abgerundeten Präzisionspinsel diese Farbe auch auf dem Augeninnenlid applizieren. Das verleiht dem Auge eine zusätzliche Tiefe und Dramatik. Vorsicht aber bei Kontaktlinsen.

15. Wimpern

Die natürlichen Wimpern werden hier durch gezielt gesetzte Einzelwimpern zusätzlich verstärkt und betont. Ganz außen extralange Wimpern, zur Mitte hin dann lange und mittlere und ganz innen am Augeninnenwinkel noch ein paar kurze Wimpern setzen.

16. Rouge

Mit einem kleinen, runden Puderpinsel den orangefarbenen Lidschatten nochmals deutlich verstärken, wobei der Hauptpunkt oben neben den Augen liegt. Die Farbe bis in die Schläfen hochziehen.

17. Lippen

Auch die Lippen nochmal nachzeichnen und verstärken. Zusätzlich dann mit dem Lippenpinsel eine hellere Lippenfarbe als Aufheller auf die Lippenmitte auftragen und anschließend Lippenlack applizieren, damit die Lippen wunderbar frisch glänzen.

„BonBon", Extrem-Version

Augen:

■ Drama

Lippen:

■ Ars Vitalis

□ Lippenlack transparent

Wangen:

■ Bonbon

Zusätzliche Produkte für „BonBon", Extrem-Version:

Augen: Lidschatten „Drama"
                Pinsel Nr. 14, 46
                Einzelwimpern in extralang, lang, mittel und kurz
Lippen: Lippenfarbe „Ars Vitalis"
                Lippenlack transparent

„Jugendstil" – Oder der Stil der Jugend?

Jugendstil oder der Stil der Jugend? Die Frage stellt sich mir doch eher, wann ist man reif genug für einen eigenen Stil? Mit „Jugendstil" präsentiere ich Ihnen ein Make-up, das in den Augen die unbeschwerte Lebenslust der Jugend weckt und dennoch durch sinnliche Lippen die Kraft und Tiefe echter Weiblichkeit verkörpert. So verschmelzen dunkle Beerentöne auf den Lippen mit kühl-pudrigen, grau-grünen Nuancen im Augen-Make-up zum perfekten Stil einer sinnlichen Frau.

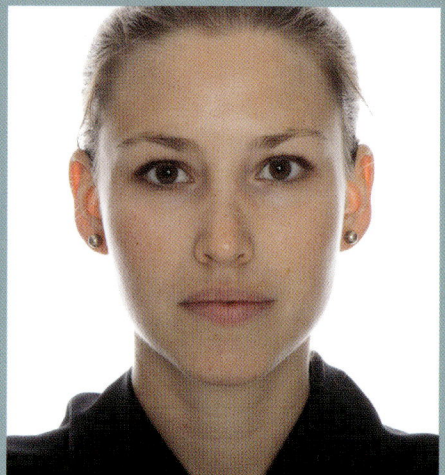

Namensgeberin des Looks ist die Lidschattenfarbe „Jugendstil", ein pudriger Grünton.

Ich möchte mit diesem klassisch femininen Make-up jeder Frau die Möglichkeit geben, den eigenen Stil auf zauberhafte Weise zu unterstreichen und unbeschwerte Weiblichkeit perfekt in Szene zu setzen.

Beachten Sie bei diesem Look auch die Schmink-Reihenfolge beim Augen-Make-up, so habe ich trotz Trocknungszeit schon weitergearbeitet, denn Zeit ist ja bekanntlich Geld!

Mein Model ist erneut Carina Noack, die ich schon für „Colour-Blocking" geschminkt habe.

Bildhinweis:

Make-up: Beni Durrer
Assistenz: Daniel Schleicher
Haare: Philipp J. Frey
Model: Carina Noack, www.carina-noack.de
Fotos: Thomas Boss, www.thomas-boss.de
Kleid: Dawid Tomaszewski, www.dawid-tomaszewski.com

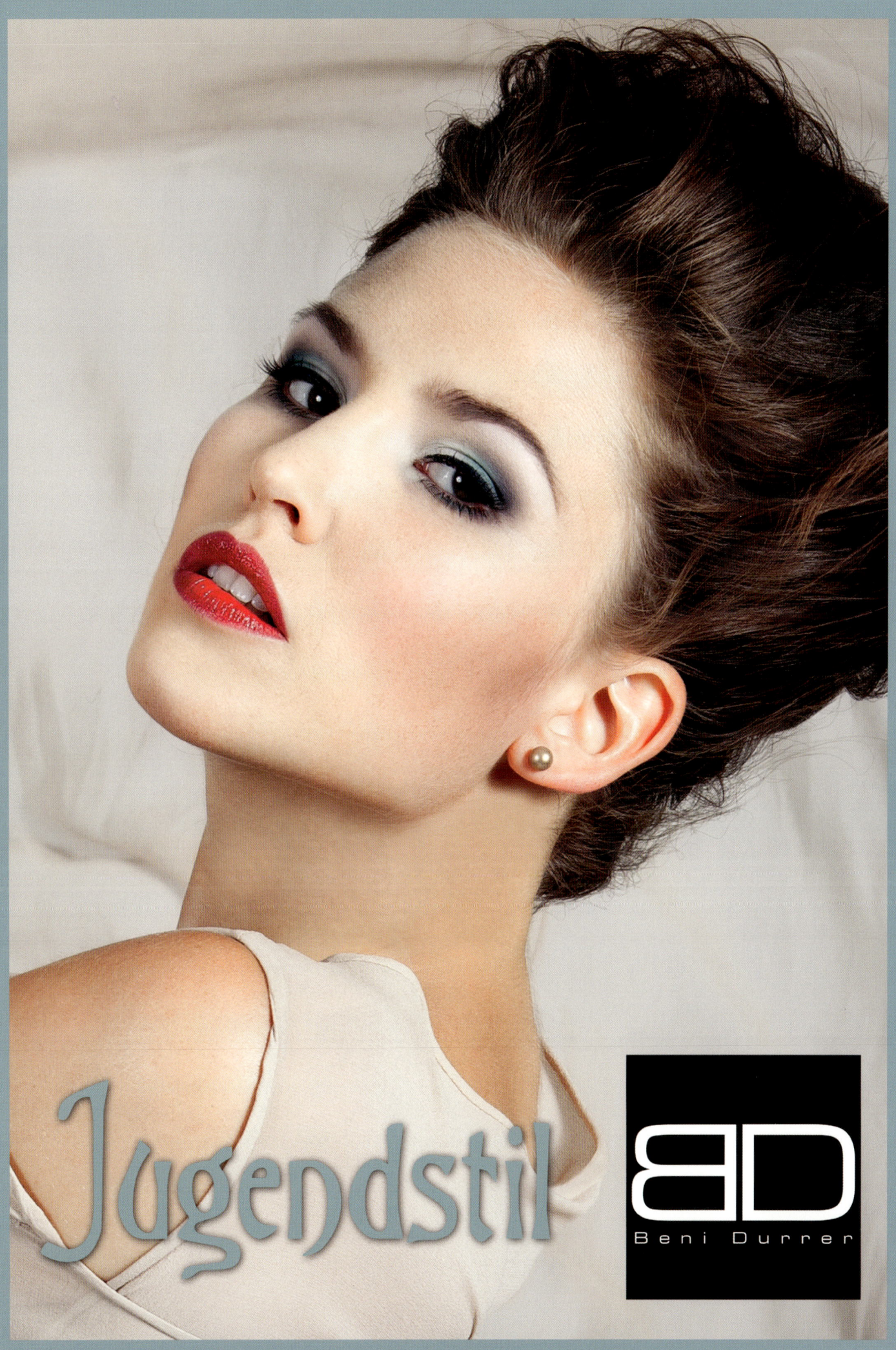

Jugendstil

BD
Beni Durrer

1. Grundierung

Um das Gesicht bereits mit der Grundierung zu formen, arbeite ich hier mit zwei verschiedenen Grundierungsfarben.

2. Fixierung

Mit einem großen, weichen Puderpinsel aus Kaschmirziegenhaar einen hellen Gesichtspuder von oben nach unten applizieren. So wird die Grundierung fixiert, die Haut glänzt nicht und wirkt wie mit einem Weichzeichner bearbeitet.

3. Augenbrauen

Die Farbe der Augenbrauen sollte dem Farbton des Haaransatzes entsprechen. Tragen Sie zunächst einen dunkelbraunen Lidschatten mit einem schrägen Augenkonturenpinsel auf und bürsten Sie diesen dann mit einem Brauenbürstchen so lange aus, bis der gewünschte natürliche Effekt erreicht ist.

4. Augenkontur

Die Augenkontur mit einem grauen Konturenstift nachzeichnen. Für einen dramatischen Effekt den äußeren Augenwinkel ebenfalls einfärben.

5. Verblenden

Mit einem kurzen Lidfaltenpinsel die Kontur aussoften. Dabei nicht auf der ganzen Breite des Konturenstiftes arbeiten, sondern nur an den äußeren Stellen, an denen der Übergang zum Hautton sehr fein werden muss.

6. Kontur fixieren

Mit dem gleichen Pinsel die untere Augenkontur mit dunkelgrauer Lidschattenfarbe auf der vorgegebenen Linie nachzeichnen und so fixieren.

7. Augenwinkel

Mit einem deutlich größeren Pinsel, einem dicken Augenschattierpinsel, und der dunkelgrauen Lidschattenfarbe den äußeren Augenwinkel eindunkeln. Nehmen Sie hierfür die Farbe nur mit der Spitze auf und verteilen Sie diese vorsichtig. Mit kreisenden Bewegungen langsam nach außen ziehen.

8. Lidschatten, rosé

Mit einem Japanpinsel einen sehr hellen Roséton unter der Augenbraue applizieren und um das Auge herum sanft auslaufen lassen, wobei sich die Farbe unter der Braue am höchsten Punkt konzentriert.

9. Lidschatten, hellgrün

Mit einem mittleren, schrägen, sehr weichen Fehhaarpinsel, einem schrägen Augenschattierpinsel, Lidschatten in zartem, hellen Grün auf das bewegliche Lid und am Innenwinkel auftragen und nach hinten auslaufend verblenden.

10. Lidschatten, hellgrün unten

Tragen Sie die gleiche Farbe mit einem kleinen, schrägen Augenschattierpinsel am unteren, inneren Augenwinkel auf. Das hellt die Augen optisch stark auf.

11. Lidschatten, grün

Mit einem großen, schrägen Augenschattierpinsel aus Fehhaar eine sattgrüne Lidschattenfarbe auf den hinteren Teil des beweglichen Augenlids auftupfen. Achten Sie darauf, dass die Übergänge der drei Lidschattenfarben sehr weich sind, so dass die Farben sanft ineinander verlaufen.

12. Lidschatten, grün unten

In der Mitte des Unterlids mit einem kleinen runden Lidfaltenpinsel einen Hauch der sattgrünen Lidschattenfarbe auftupfen, damit sich die Farbe unter dem Auge nochmals spiegelt.

13. Wimpernperücke

Hier werden sogenannte Dreiviertelwimpern appliziert, deren Band nicht gekürzt werden muss.

14. Lippenkontur

Die Lippenkontur mit einem bordeauxfarbenen Konturenstift nachzeichnen, eventuell die Form dabei etwas korrigieren. Danach auch die Ecken mit dem Stift ausfüllen und die Farbe vom Rand der Kontur nach innen verblenden und auslaufen lassen.

15. Lippenfarbe

Nun Lippenfarbe in elegantem, dunklen Beerenrot mit einem Lippenpinsel exakt auftragen. Darüber kann, je nach Wunsch, klarer Lippenlack appliziert werden, so erscheinen die Lippen voller und glänzen verführerisch.

16. Wimperntusche

Tuschen Sie mit schwarzer Wimperntusche die eigenen Wimpern zusammen mit den künstlichen Wimpern, um sie so miteinander zu verbinden. Verwenden Sie für die unteren Wimpern einen kleinen Fächerpinsel, mit dem auch der Ansatz der Wimpern gut getuscht werden kann.

17. Rouge

Einen kräftig roséfarbenen Lidschatten auf dem höchsten Punkt der Wangen, wenn man lächelt, mit einem Wangenrougepinsel kreisrund auftragen und nach hinten zu den Schläfen auslaufen lassen.

18. Eyeliner

Cake-Eyeliner in Schwarz mit einem Tropfen Fixator aktivieren und somit flüssig machen. Mit einem Eyelinerpinsel zuerst in der Mitte vom beweglichen Lid aufsetzen und nach außen ziehen, nochmals am inneren Augenwinkel ansetzen und bis über die Mitte hinaus ziehen.

„Jugendstil" – ein klassisch fe-
minines Make-up, das den Stil
einer jeden Trägerin auf zauberhafte Weise unterstreicht!

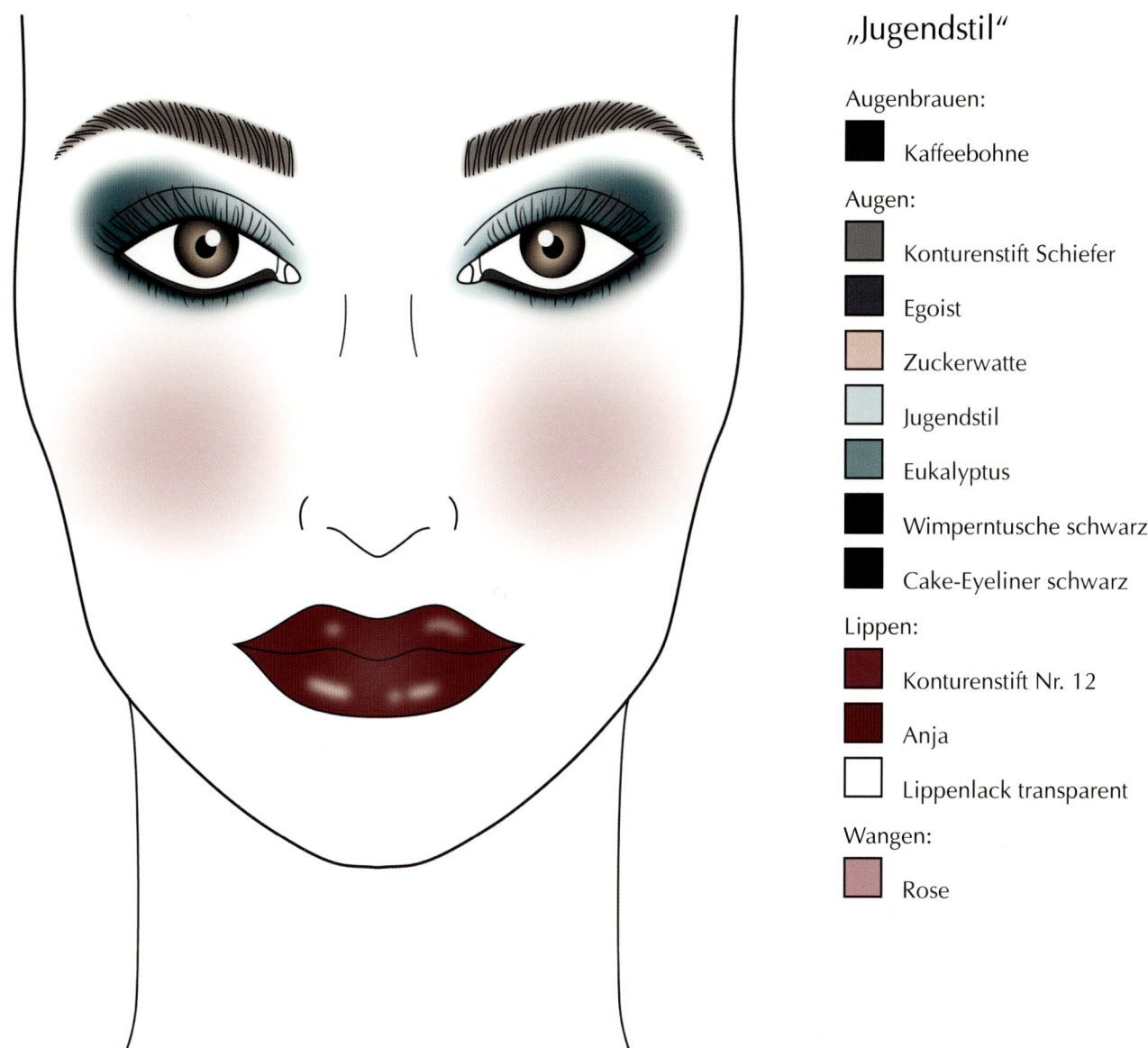

„Jugendstil"

Augenbrauen:

⬛ Kaffeebohne

Augen:

🟫 Konturenstift Schiefer

⬛ Egoist

🟫 Zuckerwatte

🟦 Jugendstil

🟩 Eukalyptus

⬛ Wimperntusche schwarz

⬛ Cake-Eyeliner schwarz

Lippen:

🟥 Konturenstift Nr. 12

🟥 Anja

⬜ Lippenlack transparent

Wangen:

🟪 Rose

Beni Durrer Produkte für „Jugendstil":

Grundierung:	Studio-Make-up Nr. 6, 12
	Puder Nr. 2
	Pinsel Nr. 1, 30, 31
Augen:	Lidschatten „Kaffeebohne", „Egoist", „Zuckerwatte", „Jugendstil", „Eukalyptus"
	Konturenstift „Schiefer"
	Wimperntusche schwarz
	Wimpernperücke „Burlesque"
	Cake-Eyeliner „Schwarz", Fixator
	Pinsel Nr. 7, 9, 13, 16, 19, 26, 32, 36, 43, 66
Lippen:	Konturenstift Nr. 12
	Lippenfarbe „Anja"
	Lippenlack transparent
	Pinsel Nr. 21, 22
Wangen:	Lidschatten „Rose"
	Pinsel Nr. 3

„Ambrosia" – Wecke die Sinnlichkeit

Tages-Version:

Seien Sie verführerisch und auf keinen Fall langweilig! Seien Sie betörend, aber auf bezaubernd dezente Art – mit einem Make-up in zarten Braun- und Perlmutttönen und einem verführerischen Hauch Apricot. Dieser Look weckt die Sinne und versprüht Sinnlichkeit!

Hier habe ich sogar drei Varianten gemacht, immer aufbauend auf dem vorherigen Make-up.

Inspiriert zu diesem Look hat mich die Show „Ambrosia", die Erotik mit Kunst verbindet und ein einmaliges Erlebnis auf die Tanzfläche bringt.

In Berlin gibt es so viele SchauspielerInnen, SängerInnen und Tän-zerInnen – und die meisten davon sind arbeitssuchend! Mit deren Leben möchte ich nicht tauschen, man ist dauernd auf der Suche nach neuen Engagements, nach neuen Jobs. Viele haben deshalb noch andere Jobs. Ich habe unglaublich viele kennen gelernt und oft deren Talent bewundert! Sarah hat viele Engagements, aber sie reist auch sehr viel. Ich habe sie bei der atemberaubenden Show von „Ambrosia", für die wir für das Make-up zuständig waren, ken-nen gelernt. Sie ist eine sehr erotische Tänzerin mit starker Präsenz und Ausstrahlung und sie kann auch singen, wie ich später bei einer meiner Make-up-Shows auf der Messe in Stuttgart feststellte. Sarah ist ein sehr lieber Mensch und ich freue mich sehr, dass ich eine Lippenstiftfarbe nach ihr benennen durfte.

Bildhinweis:

Make-up: Beni Durrer
Haare: Volker Wolf-Strahm
Model: Sarah Grether, www.ambrosiaberlin.com
Fotos: Christian Leschke, www.hasenbox.de
Kostüm: Showkostüm aus der gleichnamigen Show
Hut: Coy-Berlin, www.berliner-hutsalon.de

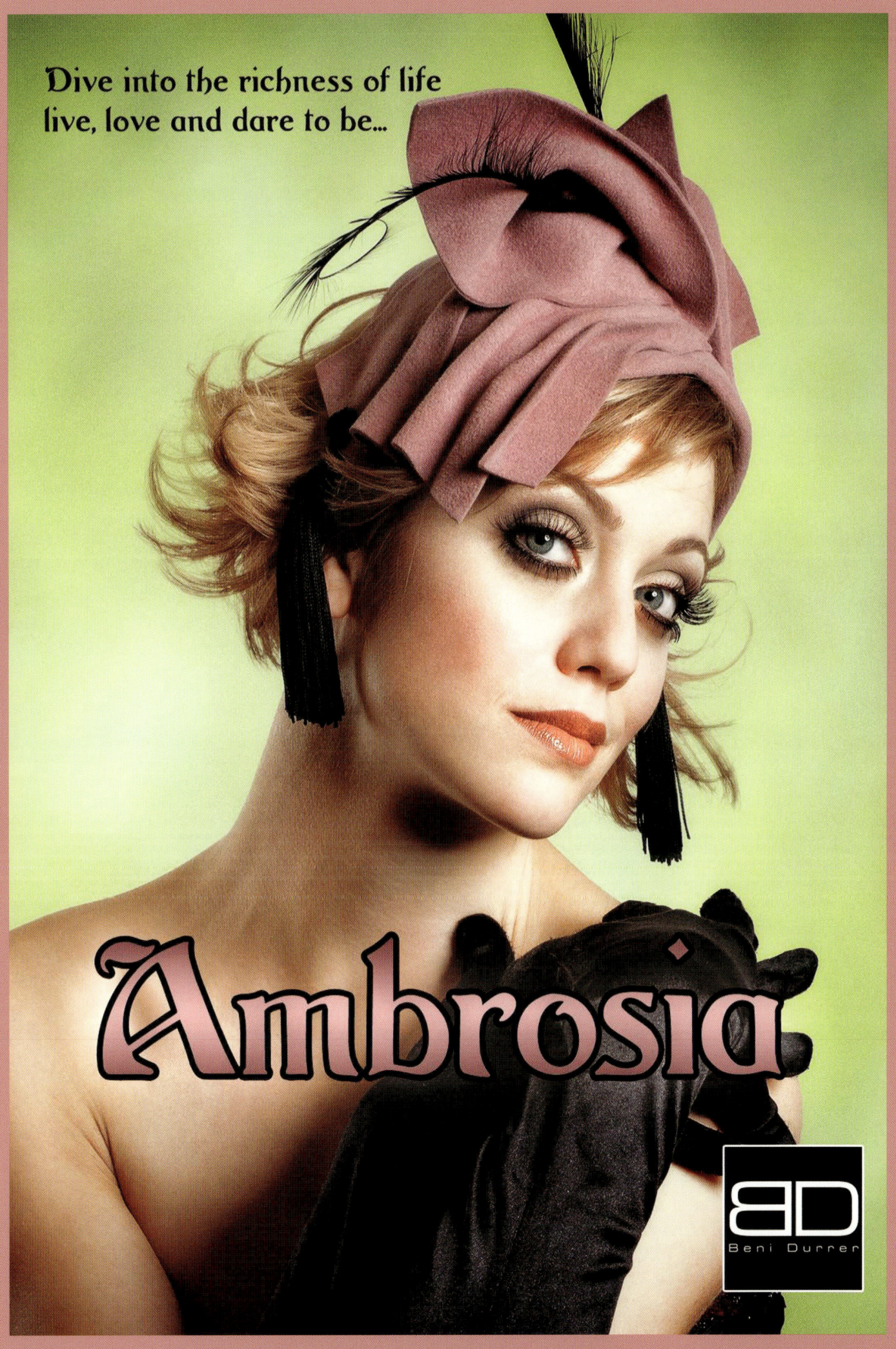

Dive into the richness of life
live, love and dare to be...

Ambrosia

BD
Beni Durrer

1. Abdecken

Je nach Bedarf können bereits vor der Grundierung mit einem stark deckenden Make-up und einem kleinen Grundierungspinsel kleine Unebenheiten und Pickelchen abgedeckt und dunkle Schatten aufgehellt werden.

2. Grundierung

Mit einem Grundierungspinsel flüssiges Make-up in kreisrunden Bewegungen einarbeiten. Normalerweise müsste dieses Make-up nicht unbedingt abgepudert werden, für das Fotoshooting ist dies aber ratsam.

3. Fixierung

Die Grundierung mit Puder und einem Puderpinsel fixieren, um Glanz zu vermeiden. Halten Sie die freie Hand unter das Gesicht, um eventuell herunterfallende Puderpartikel aufzufangen.

4. Augenbrauen

Die Augenbrauen mit einer Brauenbürste nach unten bürsten, danach mit einem schrägen Augenkonturenpinsel Lidschatten in einem tiefen Braunton an der oberen Augenbrauenkante auftragen. Anschließend wieder nach oben bürsten und eventuelle Lücken ausfüllen.

5. Lidschatten, perlmutt

Unter der Braue und auf dem beweglichen Lid einen Perlmuttton mit Goldglanzpartikeln mit einem mittleren, schrägen Augenschattierpinsel sanft aufbringen.

6. Augenkontur

Die untere Augenkontur in einem warmen Apricot-/Roséton mit Schimmer und einem kurzen, runden Lidfaltenpinsel einfärben.

7. Lidfalte I

Ebenso die Lidfalte mit einem Augenschattierpinsel und der gleichen Farbe weich einschattieren.

8. Augenkontur, dunkel

Über den Apricot-/Roséton braunen Lidschatten mit Violettanteilen mithilfe eines kleinen Einblendpinsels applizieren. Diese Farbe ist deutlich dunkler, durch einen starken Glanzanteil wirkt sie dennoch nicht zu hart.

9. Lidfalte II

Dunkeln Sie auch die Lidfalte damit ein; verwenden Sie hierfür einen schmalen, spitz zulaufenden Lidfaltenpinsel, das verleiht dem Auge Tiefe.

10. Wimpern

Die Wimpern mit schwarzer Wimperntusche oben und unten stark eintuschen.

11. Eyeliner

Einen kupferfarbenen Eyeliner auf dem oberen Lidrand dünn auftragen. Falls die Farbe zu weit auf die Wimpern kommt, die Wimpern wieder dunkel einfärben!

12. Lippenfarbe

Die Lippen in ein mattes, stark deckendes Apricot tauchen. Mit einem Lippenpinsel zum Lippenrand hin sanft auslaufen lassen. Falls die Lippenkontur korrigiert werden muss, verwenden Sie einen Konturenstift im gleichen Ton. Abschließend Lippenlack applizieren.

13. Wangenhighlight
Mit einem kleinen Puderpinsel einen hell glänzenden Lidschatten unter dem Auge auf dem Wangenknochen in einem Halbmond auftragen.

Achtung: Nicht bei vielen Augenfältchen anwenden!

14. Wangenrouge
Nun ebenfalls den Apricot-/ Roséton als Rouge mit einem Rougepinsel auf den Wangen auftragen.

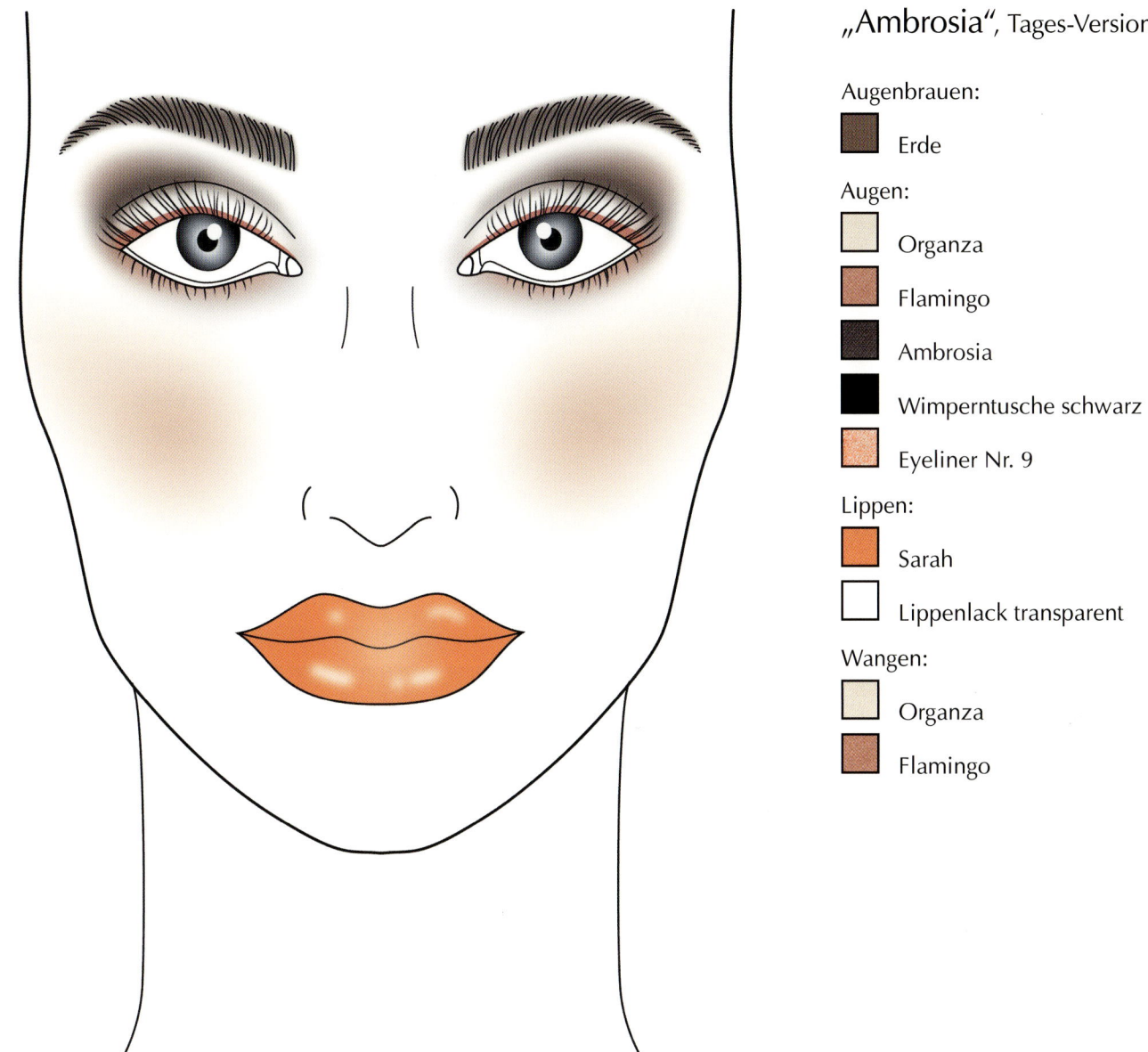

„Ambrosia", Tages-Version

Augenbrauen:

Erde

Augen:

Organza

Flamingo

Ambrosia

Wimperntusche schwarz

Eyeliner Nr. 9

Lippen:

Sarah

Lippenlack transparent

Wangen:

Organza

Flamingo

Beni Durrer Produkte für „Ambrosia", Tages-Version:

Grundierung: Studio-Make-up Nr. 4
               HDTV-Make-up Nr. 220
               Puder Nr. 2
               Pinsel Nr. 1, 31, 42
Augen: Lidschatten „Erde", „Organza", „Flamingo", „Ambrosia"
               Eyeliner Nr. 9
               Wimperntusche schwarz
               Pinsel Nr. 7, 9, 12, 13, 14, 36, 37
Lippen: Lippenfarbe „Sarah"
               Lippenlack transparent
               Pinsel Nr. 20
Wangen: Lidschatten „Organza", „Flamingo"
               Pinsel Nr. 3, 5

Abend-Version:

Für die Abendversion von „Ambrosia", aufbauend auf der Tages-Version, das Augen-Make-up verstärken und die Lidfalte sowie die Augenkontur unten stärker eindunkeln. Schwarzen Konturenstift auf dem Augeninnenlid auftragen. Am oberen Wimpernkranz eine Wimpernperücke aufkleben, ebenso am unteren Wimpernrand, sogenannte Unterlidwimpern. Die Wangenknochen unterhalb mit einem Konturenpinsel in einem matten Rosenholzton stark einschattieren.

Die Lippenfarbe für die Abendversion ist ein dunkler, kühler Rosenholzton. Für einen dreidimensionalen Effekt zusätzlich auf die Lippenmitte die Lippenfarbe der Tages-Version applizieren und darüber Lippenlack geben.

„Ambrosia", Abend-Version

Augen:

 Konturenstift Nr. 22

Lippen:

 Milieu

Wangen:

Trüffel

Zusätzliche Produkte „Ambrosia", Abend-Version:

Augen: Konturenstift Nr. 22
                    Wimpernperücken „Model C", „Unterlidwimpern B"
Lippen: Lippenfarbe „Milieu"
Wangen: Lidschatten „Trüffel"
                    Pinsel Nr. 4

Extrem-Version:

Für die Extrem-Version, aufbauend auf der Abend-Version, werden die Haare auf sogenannte „Pfeiffenreiniger" gedreht, damit sich diese kleinen Löckchen bilden. Danach hochkämmen und zum Teil feststecken. Lidschatten in einem kräftigen, glänzenden Mahagoni-rot großzügig auf die Lidfalte und in einem Halbmond bis unter das Auge auftragen. Danach die Wimpernperücke am oberen Lid durch extreme Federwimpern austauschen.

„Orifee" – Farbenprächtig wie der Orient

Mit diesem Look wollte ich den Zauber des Orients einfangen. Der Orient ist bekannt für seine ausdrucksvollen, eleganten und geheimnisvollen Farben und deshalb habe ich Pink, Orange, Grün und Gold mit einem frechen, aber glamourösen Effekt kombiniert. Der Name des Looks „Orifee" setzt sich aus dem Namen des verwendeten Lidschattens „ORIent" und der Wimpernperücke „FEE" zusammen.

Für „Orifee" habe ich das erste Mal mit Thalia zusammengearbeitet, eine Naturschönheit, die auch ohne Make-up umwerfend aussieht. Später habe ich sie für das Unterwassershooting (siehe Kapitel Wasserfestes Make-up) geschminkt. Schon beim Probeschminken mussten wir viel lachen, vor allem, weil wir erst nach einer Stunde gemerkt hatten, dass wir beide ursprünglich aus der Schweiz kommen und schon seit über 10 Jahren hier in Berlin leben – was für eine Freude! Tragischerweise erhielt Thalia einige Minuten vor dem Shooting die Nachricht eines Todesfalls in ihrer Familie; doch durch und durch professionell zog sie das Shooting bis zum Schluss durch.

Bildhinweis:

Make-up: Beni Durrer
Haare: BD-Team
Model: Thalia von der Agentur Talents, www.talents-models.com
Fotos: Fabian Maerz, www.fabianmaerz.de
Kleid: Andrej Subarew, www.subarew.com

ORIFEE

BD
Beni Durrer

1. Grundierung

Um das Gesicht bereits mit der Grundierung zu formen, wird hier mit drei unterschiedlichen Make-up-Farben gearbeitet. Die Grundierung mit Puder und einer großen Gesichtsquaste fixieren und abschließend mit dem Puderpinsel überschüssigen Puder entfernen.

2. Augenbrauen

Die Augenbrauen mit einer Augenbrauenbürste nach unten bürsten, mit Lidschattenpuder in der Farbe des Haaransatzes am oberen Ende mit einem schrägen Augenkonturenpinsel nachzeichnen und wieder nach oben bürsten. Eventuell vorhandene Asymmetrien ausgleichen.

3. Lidschatten

Mit schwarzem Konturenstift das Auge konturieren und dabei auch das Augeninnenlid mitschminken, um einen dramatischen Blick zu erzeugen. Damit sie nicht hart wirken, die Konturen mit einem Weichzeichner sanft verwischen. Dann mit einem Applikator intensiven, warmen, rotvioletten Lidschatten auf das bewegliche Lid auftupfen und über die Lidfalte hinaus verblenden, so dass bei geöffnetem Auge die Farbe sichtbar bleibt. Mit einem weichen Lidschattenpinsel nacharbeiten, damit keine harten Übergänge erkennbar bleiben. Mit Orange unter den Brauen ein farbiges Highlight setzen, hierfür einen großen, weichen Eichhörnchenpinsel verwenden. Unterhalb des Auges, am Unterlid beginnend, mit einem schmalen, flachen Lidschattenpinsel den goldglänzenden Grünton weit nach unten auftragen und ausblenden.

4. Glanzpuder

Über den orangenen Lidschatten einen goldfarbenen Glanzpuder mit einem weichen Pinsel applizieren und einen Lichtpunkt unter der Augenbraue setzen. Für noch mehr Glamour lose, stark glänzende, violette Farbpigmente auf das bewegliche Lid auftupfen.

5. Wimpern

Die Wimpern kräftig mit schwarzer Wimperntusche tuschen, bis die gewünschte Dicke der Wimpern erreicht ist, oder wenn nötig künstliche Wimpern kleben.

6. Lippen

Die Lippenkontur zunächst mit einem zur Lippenfarbe passenden Konturenstift nachzeichnnen, dann die Lippen mit einer dunkelvioletten Lippenfarbe mit dem Lippenpinsel ausfüllen, dabei die Mitte der Lippen aussparen. Mit einem Goldton die Mitte ausfüllen und die Lippen vorsichtig aufeinanderpressen. Abschließend transparenten Lippenlack auftragen.

Wangen und Wimpern:

Die Partie unterhalb des Wangenknochens mit einem dem Hautton entsprechenden, aber dunkleren, Braunton mit einem großen Konturenpinsel etwas eindunkeln. Mit einem Rougepinsel orangenen Lidschatten auf die Wangen zaubern, damit sie frisch aussehen. Optional können Sie mit einer Wimpernperücke am unteren Wimpernkranz dem Make-up Extravaganz verleihen.

Trotz gewagter Farbkombinationen und viel Glanz war mir der Look dennoch nicht außergewöhnlich genug. Deshalb habe ich hier noch eine extrem schräge, nach außen gehende Wimpernperücke mit Federspitzen unterhalb der Augen appliziert, was den Augen einen sehr speziellen Ausdruck verleiht! Das Ergebnis ist eine mystische Mischung aus feenhafter Eleganz und dem Zauber des Orients – „Orifee"!

Haare:

Nach dem Make-up werden die Lockenwickler entfernt, das Haar vorsichtig durchgekämmt und auf dem Hinterkopf hochgesteckt. Die Haarenden elegant in Locken legen und feststecken.

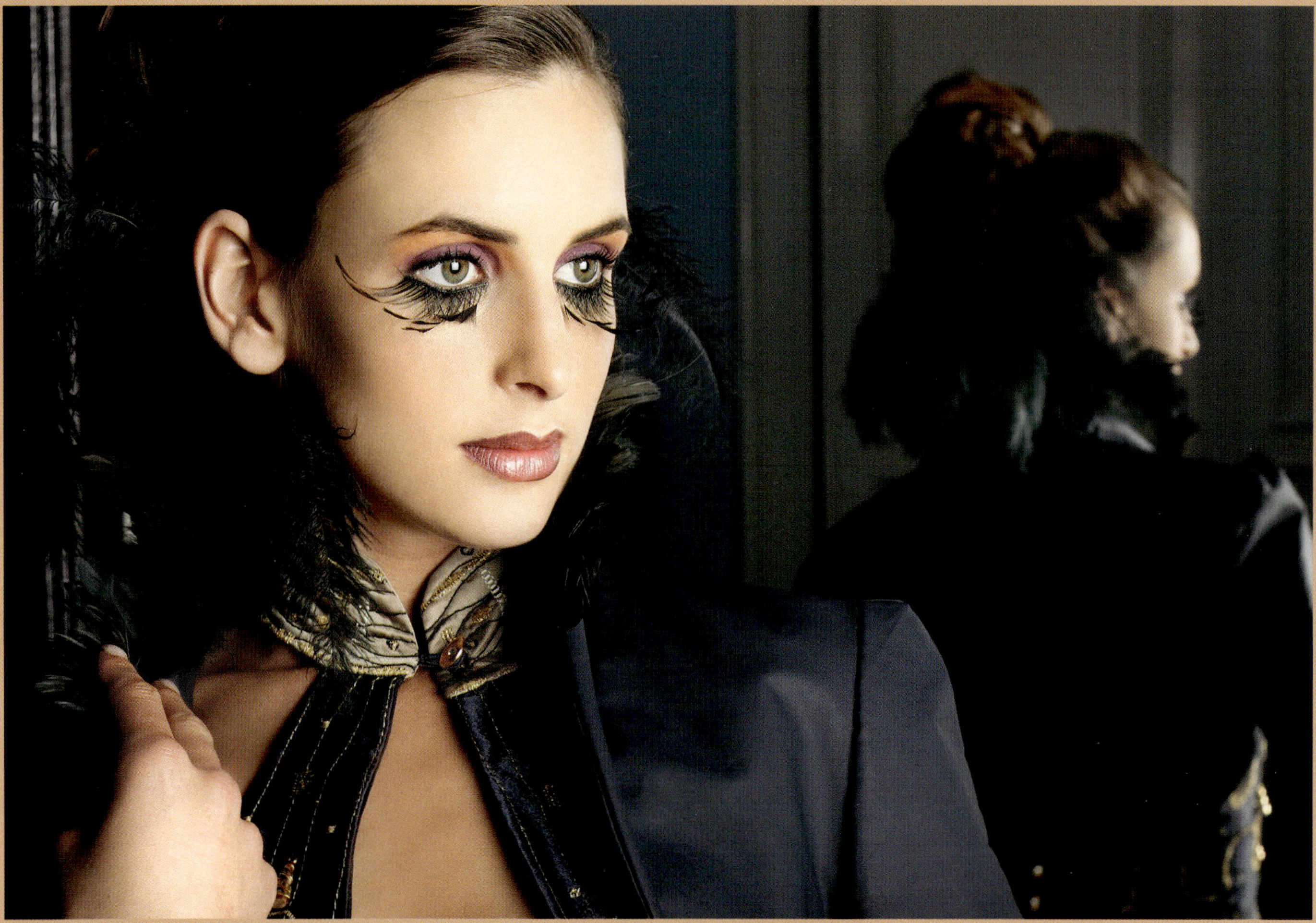

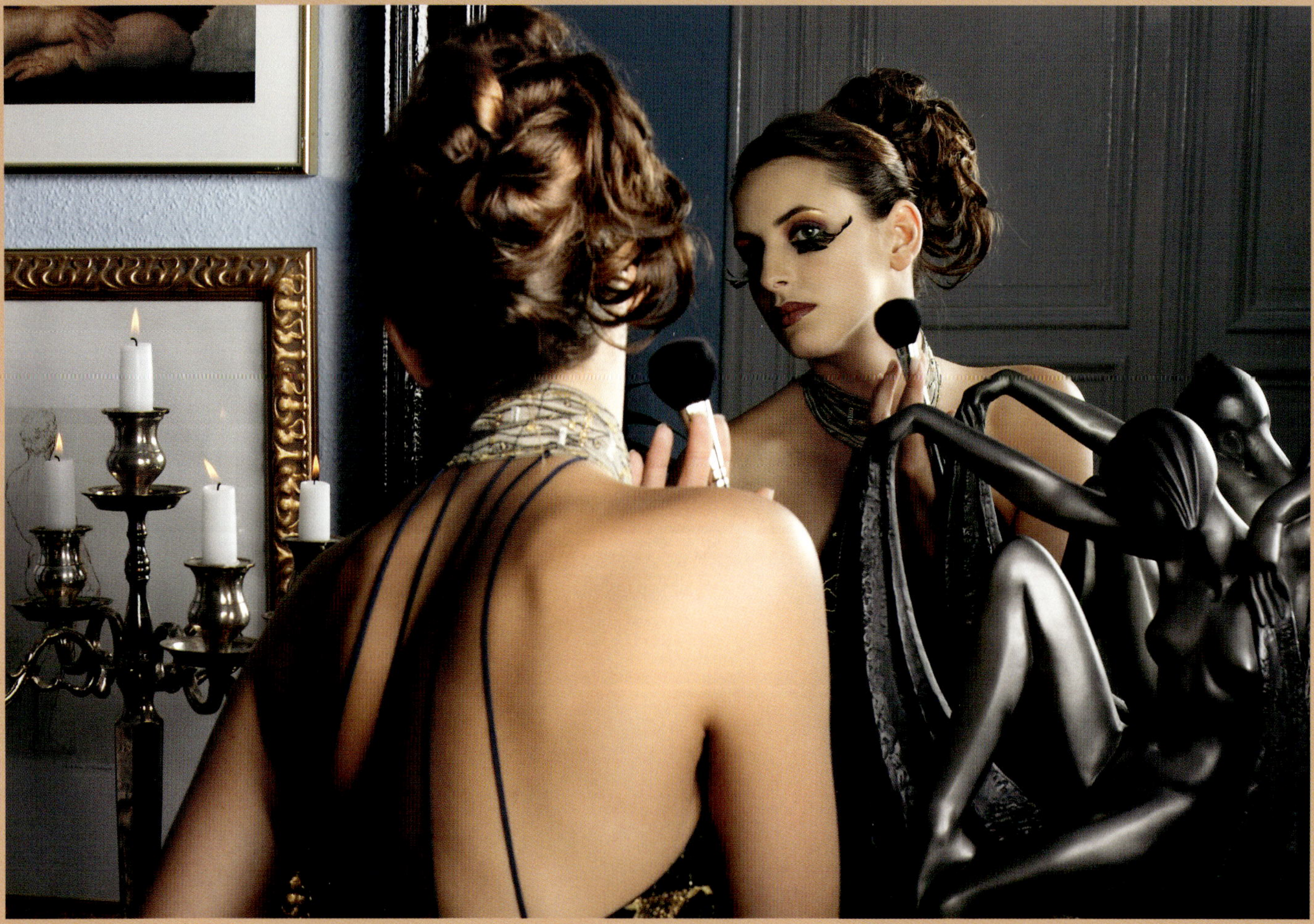

Der Zauber des Orients – eingefangen in
diesem wunderbar verspielten Make-up.

101

„Orifee"

Augenbrauen:

■ Kaffeebohne

Augen:

■ Konturenstift Nr. 22

■ Orient

■ Orange

■ Krokodil

■ Wimperntusche schwarz

Effekte:

■ Oberon

■ Goldrausch

Lippen:

■ Konturenstift Nr. 11

■ Sodom

■ Berio

☐ Lippenlack transparent

Wangen:

■ Praline

■ Orange

Beni Durrer Produkte für „Orifee":

Grundierung:	Studio-Make-up Nr. 6, 12, 18
	Puder Nr. 4
	Pinsel Nr. 1, 30, 31
	Make-up-Schwämmchen, Gesichtsquaste
Augen:	Lidschatten „Kaffeebohne", „Orient", „Orange", „Krokodil",
	Glanzpuder „Goldrausch"
	Sternenstaub „Oberon"
	Konturenstift Nr. 22
	Wimperntusche schwarz
	Wimpernperücke „Fee"
	Pinsel Nr. 7, 8, 9, 11, 14, 15, 16, 17, 33
Lippen:	Konturenstift Nr. 11
	Lippenfarben „Sodom", „Berio"
	Lippenlack transparent
	Pinsel Nr. 20
Wangen:	Lidschatten „Praline", „Orange"
	Pinsel Nr. 3, 4

„Bombay" – Atemberaubend, schillernd, exotisch

Farben so glitzernd und prächtig wie die indische Hafenstadt Bombay stehen im Mittelpunkt dieses exotischen Looks. „Bombay" verführt zum Träumen und nimmt Sie mit auf eine Reise in die gleichnamige Stadt am Arabischen Meer. Tauchen Sie ein in die farbenfrohe und zauberhafte Welt Indiens...

„Bombay" widme ich meinem früheren Arbeitgeber, dem viel zu früh verstorbenen Yves Saint Laurent. Meine Zeit als Trainer-Visagist für YSL Beauté bleibt mir unvergessen und als ich die Nachricht von seinem plötzlichen Tod erhielt, war ich sehr erschüttert. Yves Saint Laurent war für mich schon im Alter von 12 Jahren ein sehr großes Vorbild. Als ich dann später in einer Parfümerie arbeitete, bekam ich ein Job-Angebot von YSL in der Schweiz. Doch damals lehnte ich ab, weil ich mich für diese Aufgabe noch nicht bereit fühlte. Dennoch fühlte ich mich sehr geehrt und bestärkt, weiter an eben diesem Ziel zu arbeiten. Später dann in Deutschland, als ich gerade die damalige Kultmarke MAC verlassen hatte, ergriff ich die Chance und fing als Trainer-Visagist bei YSL Beauté an. In dieser Zeit war ich auch einmal im Haus von Yves Saint Laurent in Paris. Er arbeitete im ersten Stock, doch allein seine Aura war unglaublich und beeindruckend. Sein Tod war und ist ein unglaublicher Verlust für die Modewelt. Sein Lebensgefährte Pierre Bergé verkaufte nach dessen Tod seine ganze Antiquitätensammlung und spendete den Erlös von ca. 500 Mio. € der französischen Aidsstiftung – das ist wahre Größe!

Die bunten Stoffe und Gewürze aus Marokko und Indien hatten Yves Saint Laurent zu seinen oft sehr gewagten Farbzusammenspielen inspiriert. Dieses Thema habe ich nun für das Make-up „Bombay" aufgegriffen. Model ist die kanadische Tänzerin Nora Pichette, die unter anderem in „Kiss me Kate", „Falco meets Amadeus" und „Ambrosia" spielte.

Bildhinweis:

Make-up:	Beni Durrer
Haare:	Katharina Geske
Model:	Nora Pichette, www.ambrosiaberlin.com
Fotos:	Fabian Maerz, www.fabianmaerz.de
Kleid:	Nanna Kuckuck Haute Couture, www.nanna-kuckuck.de
Hut:	Andrea Curti von Chapeaux, www.chapeaux-hutmode-berlin.de
Schmuck:	Nanna Kuckuck und Privat

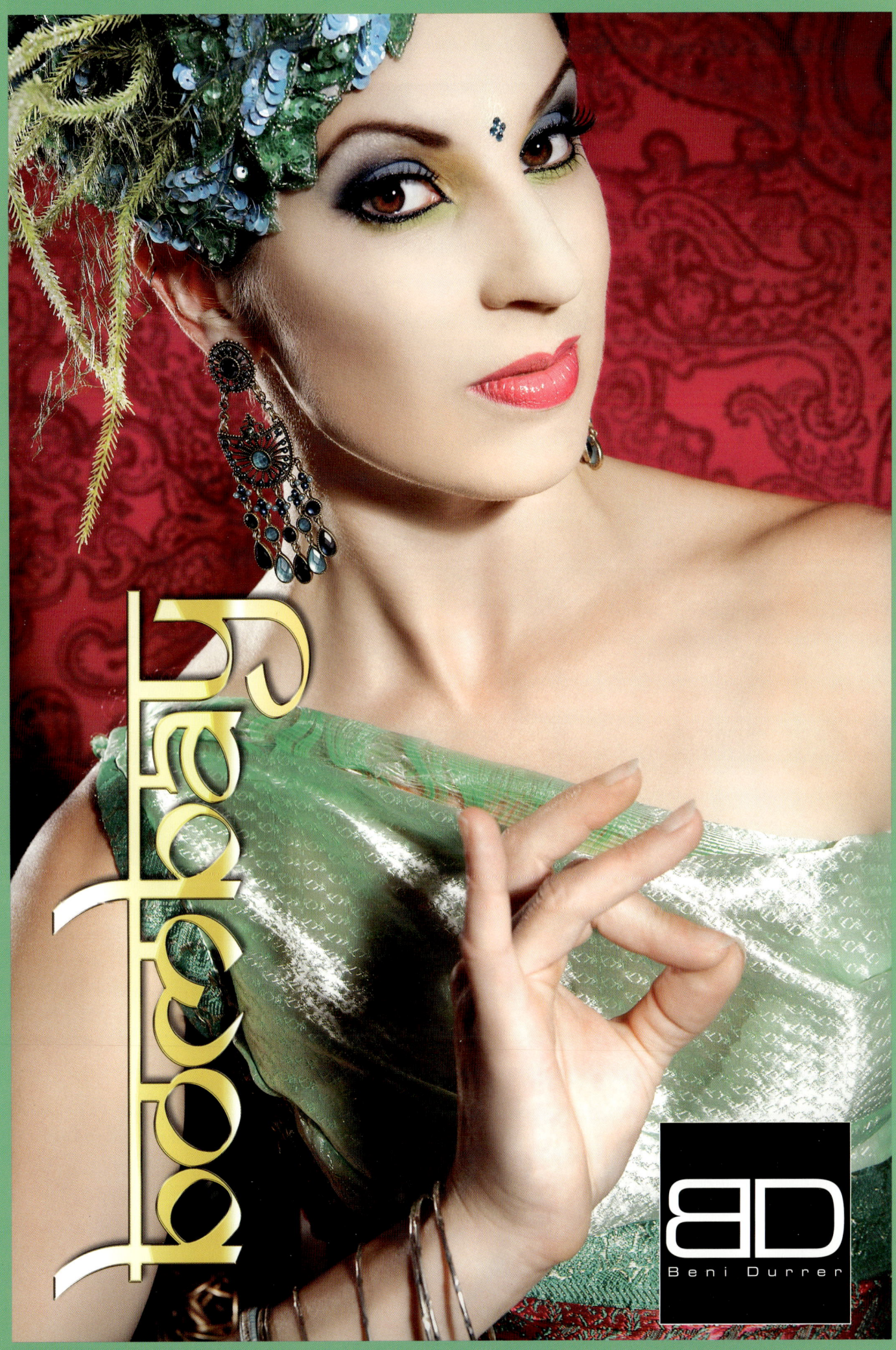

bombay

BD
Beni Durrer

1. Grundierung, hell

Um die Sommersprossen perfekt abdecken zu können, entschied ich mich hier für ein sehr stark deckendes Make-up. Zunächst die Partie unter den Augen, den Nasenrücken, die Stirn und das Kinn mit einer helleren Farbe mit einem kleinen Grundierungspinsel aufhellen.

2. Grundierung, mittel

Im nächsten Schritt mit einem Make-up-Schwämmchen eine Farbe, die dem natürlichen Hautton entspricht, auftragen.

3. Grundierung, dunkel

Nun mit einem Grundierungspinsel eine dunklere Farbe unter die Wangenknochen, auf die Nasenseiten und den Haaransatz applizieren.

Achtung: Die Übergänge der drei verschiedenen Grundierungsfarben müssen perfekt ineinander fließen!

4. Fixierung

Um den Teint zu mattieren, mit einer Puderquaste einen dem natürlichen Hautton entsprechenden Gesichtspuder auf das Gesicht auftupfen und anschließend überschüssigen Puder mit einem Puderpinsel entfernen. So wird die Haut perfekt mattiert.

5. Augenbrauen

Um die Augenbrauen zu formen, diese zuerst mit einer Augenbrauenbürste nach unten bürsten, dann mit einer dem Haaransatz entsprechenden Lidschattenfarbe und einem Augenkonturenpinsel nachzeichnen und anschließend wieder nach oben bürsten.

6. Glanzpuder

Den gesamten Augenbereich mit goldenem Glanzpuder und einem kleinen Puderpinsel leicht grundieren.

7. Lidschatten, gelb

Mit einem schrägen Augen-schattierpinsel einen dezent gelben Lidschatten am inneren Augenwinkel auftragen und zur Nasenwurzel hin auslaufend verblenden.

8. Lidschatten, grün

Unterhalb des Auges am inneren Augenwinkel mit einem etwas kleineren, schrägen Augenschat-tierpinsel einen grünen Lidschat-ten applizieren und ebenfalls nach außen hin verblenden.

9. Lidschatten, blau

Mit einem Applikatorpinsel ein kräftiges, mittleres Blau auf das bewegliche Lid auftupfen.

10. Lidschatten, hellblau

Nun unter den Augenbrauen mit einem großen Augenschat-tierpinsel einen hellen, matten Blauton aufbringen und weich verblenden.

11. Augenkontur, unten

Mit einer dunkelblauen, metal-lisch glänzenden Lidschatten-farbe die untere Augenkontur nacharbeiten und mit einem et-was breiteren, kurzen Lidfalten-pinsel verblenden.

12. Lidfalte

Mit der gleichen dunkelblauen Lidschattenfarbe die Lidfalte mit einem dicken Augenschattier-pinsel eindunkeln und zur Braue hin verblenden.

13. Highlight
Als Highlight goldenen Glanzpuder mit einem Fächerpinsel unter der Braue auftupfen. Setzen Sie dafür unter der Braue an und ziehen Sie den Pinsel nach unten weg, so konzentriert sich die Farbe unter den Augenbrauen am höchsten Punkt.

14. Eyeliner
Silbergrauen Eyeliner rund um die Augen auftragen. Da es sich um ein grafisches Element handelt, das akkurat aussehen muss, sollte hier sehr sorgfältig gearbeitet werden.

15. Wimpernperücke
Eine Wimpernperücke verleiht dem Augen-Make-up bei diesem märchenhaften Look noch mehr Ausdruck. Die Perücke wird direkt auf den Ansatz der eigenen Wimpern geklebt. Ist der Kleber vollständig getrocknet, werden die Wimpern mit schwarzer Wimperntusche mit den eigenen Wimpern verbunden.

16. Lippenkontur
Die Lippenkontur mit einem kräftigen Pinkton nachzeichnen und nach innen verblenden.

17. Lippenfarbe
In die Mitte der Lippen mit einem Lippenpinsel einen kräftigen Pinkton auftragen.

18. Lippenlack
Um die Lippen größer und voller erscheinen zu lassen, abschließend Lippenlack auftupfen.

19. Konturierung

Mit einem Konturenpinsel und einem Rosenholzton den Bereich unter den Wangenknochen einblenden.

20. Bindis

Als besonderes Highlight setzen Sie mit goldenem Glanzpuder und einem Applikator einen Punkt zwischen die Augen und verwischen diesen leicht nach oben. Dann 4 blaue Strasssteinchen, passend zum Ohrschmuck, mit Wimpernkleber aufkleben.

Haare:

Die Haare werden im Amy Winehouse-Stil zu einem strengen Turm frisiert und mit einem Zopf verziert. Ein wunderschöner Hut und das opulente Haute Couture Kleid von Nanna Kuckuck vervollständigen den Look.

Ein Look so schillernd und
farbenfroh wie Bombay!

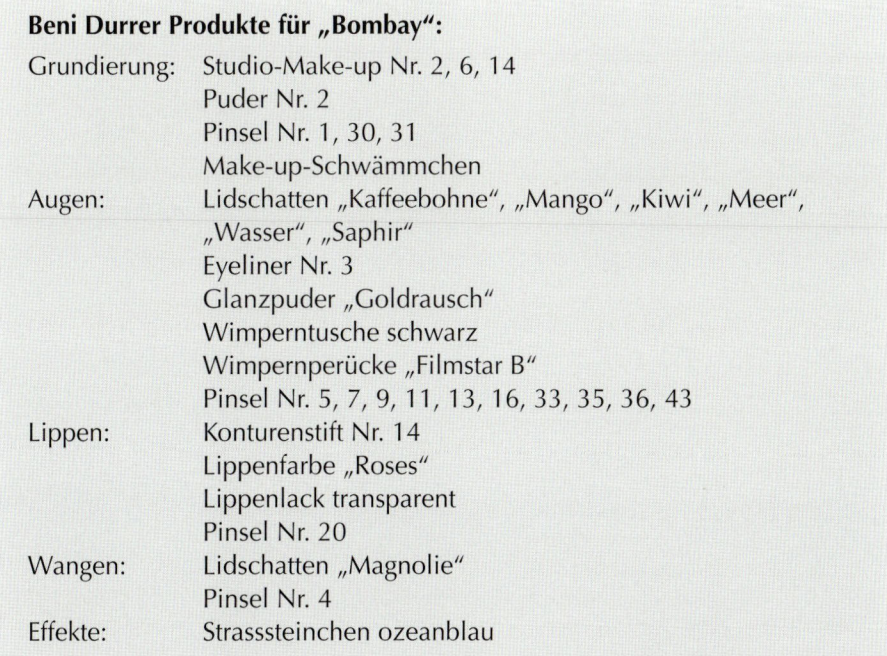

„Bombay"

Augenbrauen:

■ Kaffeebohne

Augen:

■ Mango

■ Kiwi

■ Meer

■ Wasser

■ Saphir

■ Eyeliner Nr. 3

■ Wimperntusche schwarz

Effekte:

■ Goldrausch

■ Strasssteine ozeanblau

Lippen:

■ Konturenstift Nr. 14

■ Roses

□ Lippenlack transparent

Wangen:

■ Magnolie

Beni Durrer Produkte für „Bombay":

Grundierung:	Studio-Make-up Nr. 2, 6, 14
	Puder Nr. 2
	Pinsel Nr. 1, 30, 31
	Make-up-Schwämmchen
Augen:	Lidschatten „Kaffeebohne", „Mango", „Kiwi", „Meer", „Wasser", „Saphir"
	Eyeliner Nr. 3
	Glanzpuder „Goldrausch"
	Wimperntusche schwarz
	Wimpernperücke „Filmstar B"
	Pinsel Nr. 5, 7, 9, 11, 13, 16, 33, 35, 36, 43
Lippen:	Konturenstift Nr. 14
	Lippenfarbe „Roses"
	Lippenlack transparent
	Pinsel Nr. 20
Wangen:	Lidschatten „Magnolie"
	Pinsel Nr. 4
Effekte:	Strasssteinchen ozeanblau

„anděl" – Absolute Symmetrie und intensives Blau

„anděl" ist ein ausdrucksstarkes Zusammenspiel von grafischen Elementen, absoluter Symmetrie und einem Blau, das auf geheimnisvolle Weise von eisig bis glamourös matt schimmert.

Eine Kombination aus der verwendeten Lidschattenfarbe „Adel" und der Foto-Location, dem andel's Hotel Berlin ergibt das verträumt, romantische Wort anděl; tschechisch für Engel. Ein Name, der auf den ersten Blick nichts über die Farbexplosion verrät, die Anmut des Looks aber nicht besser beschreiben könnte.

Mit „anděl" rücke ich die Augen in Szene; mondän und glamourös sind sie der Mittelpunkt dieses beeindruckend kraftvollen Make-ups in facettenreichen Blautönen. Mit feinen grafischen Elementen und exakter Symmetrie wollte ich dem Make-up eine Dynamik verleihen, die den Betrachter in ihren Bann zieht.
Dieses außergewöhnliche Make-up lässt Sie ein Blau entdecken, das faszinierender und facettenreicher nicht sein könnte!

Dieses Make-up ist nichts für Anfänger – sollte aber weniger Geübte nicht daran hindern, es zu versuchen. Denn wie sagt man so schön: Übung macht den Meister!

Das wunderschöne Topmodel Zoe Helali aus Tunesien wirkt auf mich immer wie eine persische Prinzessin. Ich war bei diversen Modenschauen von ihrem Stolz und ihrer Anmut so fasziniert, dass ich unbedingt einmal mit ihr zusammenarbeiten wollte. Auch mein damaliger Fotograf, der sonst eher skeptisch ist, war vollkommen begeistert! Die Bilder sprechen für sich!

Zoe geht nie ohne Make-up auf die Straße. Auf diesem Bild erkennt man gut, dass auch Topmodels nicht ganz perfekt sind. Als Vorbereitung für das Make-up reinige ich zunächst das Gesicht und pflege es als Basis für die nachfolgende Grundierung mit einem Feuchtigkeitsfluid.

Bildhinweis:

Make-up: Beni Durrer
Assistenz: Daniel Schleicher
Haare: Volker Wolf-Strahm
Model: Zoe Helali, www.zoe-helali.com
Fotos: Fabian Maerz, www.fabianmaerz.de
Styling: Elisabeth Rogowska, www.farbe-stil-outfit.de
Kleider: Nanna Kuckuck, www.nanna-kuckuck.de
  Burkhard Wildhagen, www.burkhard-wildhagen.de

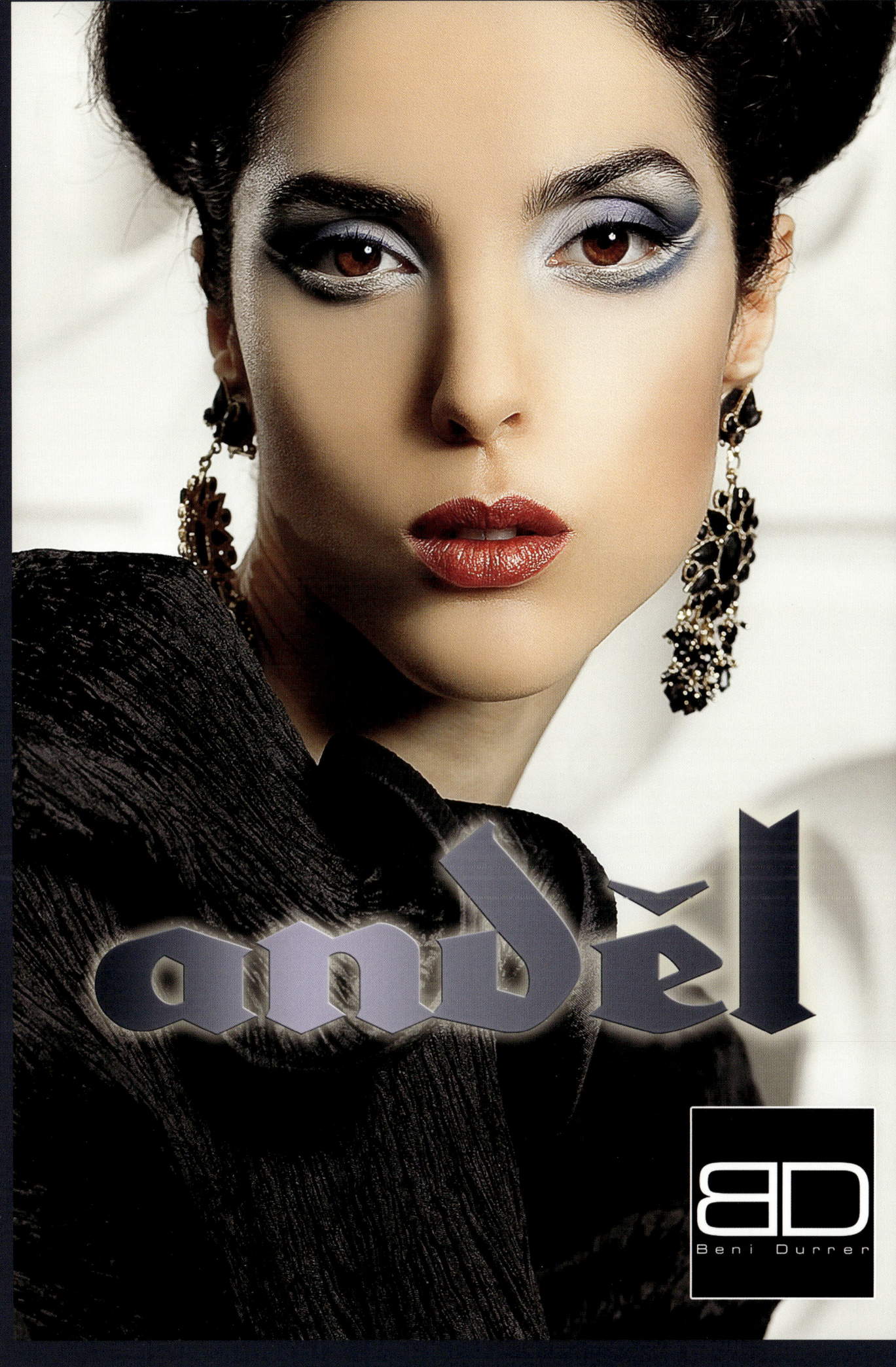

andél

BD
Beni Durrer

1. Grundierung

Die Partie um die Augen und um die Lippen mit einem Roséton aufhellen. Mit einem Grundierungspinsel nun Make-up auf dem ganzen Gesicht dünn auftragen. Die Partie seitlich der Nase und die Nasenflügel mit einem etwas dunkleren, stark deckenden Make-up eindunkeln.

2. Augenbrauen

Mit der Augenbrauenbürste die hier sehr natürlichen Brauen in Form bürsten und mit einem großen, schrägen Augenkonturenpinsel und einer dunkelbraunen Lidschattenfarbe die obere Brauenkontur vom höchsten Punkt nach außen nachzeichnen und etwas verlängern.

3. Lidschatten, weiß

Tragen Sie nun ein reines Weiß mit einem weichen, großen Augenschattierpinsel unter der Augenbraue und auf dem beweglichen Lid auf. Mit einem kleinen, schrägen Augenschattierpinsel dann den Augeninnenwinkel sowie die Partie unterhalb des Auges bis zum äußeren Augenwinkel stark aufhellen.

4. Lidschatten, hellblau

Mit einem Lidschattenapplikator ein helles Blau auf das bewegliche Lid auftupfen. Dabei die Farbe nur zur Nase hin einarbeiten. Dann erneut mit dem kleinen, schrägen Augenschattierpinsel den Augeninnenwinkel und die Partie unter dem Auge mit dem hellblauen Lidschatten einfärben.

5. Lidschatten, dunkelblau

Ziehen Sie mit einem dunklen, matten Blauton und einem großen, schrägen Augenkonturenpinsel bei geschlossenem Auge eine Linie auf dem beweglichen Lid nach außen in Richtung Brauenende auslaufend.

6. Verblenden

Diese Linie wird nach innen verblendet. Das geht am einfachsten mit einem mittleren, schrägen Augenschattierpinsel, der etwas buschiger und größer ist.

7. Lidschatten, blau

Eine changierende Lidschattenfarbe in Blau mit Grün- und Lilaakzenten mit einem Applikatorpinsel auf die Mitte des beweglichen Lids auftupfen.

8. Lidstrich

Ziehen Sie mit einem kleinen, runden und spitz zulaufenden Pinsel am oberen Wimpernkranz eine schmale blaue Linie, vorn ganz schmal beginnend und nach hinten breiter werdend. Wenn Sie den Pinsel vorher mit Wasser anfeuchten, sieht die Linie noch intensiver aus!

9. Linie, unten

Unterhalb des Auges eine dunkelblaue Linie ziehen, die etwa 4 mm unterhalb der Wimpern liegt und zum Ende hin bis Mitte Augenwinkel und Brauenende hochgezogen wird. In der Mitte nach unten und außen verblenden. Mit dem changierenden Blauton die Linie in der Mitte zusätzlich nach unten ausblenden.

10. Aufhellen

Hellen Sie mit weißer Lidschattenfarbe die Partie über der Augenbraue mit einem großen Augenschattierpinsel, zwischen den unteren Wimpern und der unteren Linie mit einem kleinen Einblendpinsel nochmals auf. Ebenso am Ende der unteren Linie unterhalb aufhellen.

11. Highlight

Tragen Sie eine glänzende, messingfarbene Lidschattenfarbe mit einem schrägen Augenschattierpinsel unter der Augenbraue am höchsten Punkt als Highlight auf. Ebenso unterhalb der Pupille in der Mitte, hier aber mit einem sehr kleinen Augenkonturenpinsel.

12. Wimpern, unten

Da die unteren dunklen Wimpern bei diesem Look stören würden, hellen Sie diese mit weißem Lidschatten auf. Verwenden Sie hierzu einen kleinen Fächerpinsel.

13. Wimpernperücke

Dreiviertelwimpern, die sich wunderbar den eigenen Wimpern anpassen, aufkleben.

14. Puder

Eventuell herabgefallene, dunkle Farbpigmente vom Augen-Make-up entfernen und gegebenenfalls die Grundierung korrigieren, bevor Sie dann mithilfe eines Puderpinsels und Puder das Make-up fixieren.

15. Lippenkontur

Mit einem rotbraunen Konturenstift die Lippenkontur nachzeichnen und nach innen verblenden.

16. Lippenfarbe

Füllen Sie die Lippen mit einem Lippenpinsel in einem Rot-Bronzeton aus.

17. Wimperntusche

Inzwischen müsste der Wimpernkleber getrocknet sein, so dass Sie nun die Wimpern tuschen können. Die oberen Wimpern verbinden sich so mit den künstlichen Wimpern.

Achtung: Nur oben tuschen, denn die unteren Wimpern sollen bei diesem Look hell bleiben.

18. Konturierung

Um die Wangenknochen noch dramatischer erscheinen zu lassen, die Partie unterhalb des Wangenknochens mit einem abgeschrägten Konturenpinsel und einem kräftigen Braun-Violett-Ton eindunkeln. An der Ohrmuschel anfangen und nach vorne auslaufend arbeiten.

19. Wangenhighlight

Ein Trend der letzten Jahre sind glänzende Wangenknochen, was für den Fotografen wegen der Lichtreflektion der Blitzlichter nicht einfach zu handhaben ist. Mit einem kleinen Puderpinsel vorsichtig einen glänzenden, messingfarbenen Lidschatten auftupfen.

Haare:

Abschließend wird die Frisur gestaltet: Die Haare werden geglättet, dann werden drei Zöpfe abgeteilt, das Haar darum gewickelt und nach vorn festgesteckt. Alles mit Gel und Spray fixieren.

Entdecken Sie Blau in seinen
schönsten Tönen – „anděl".

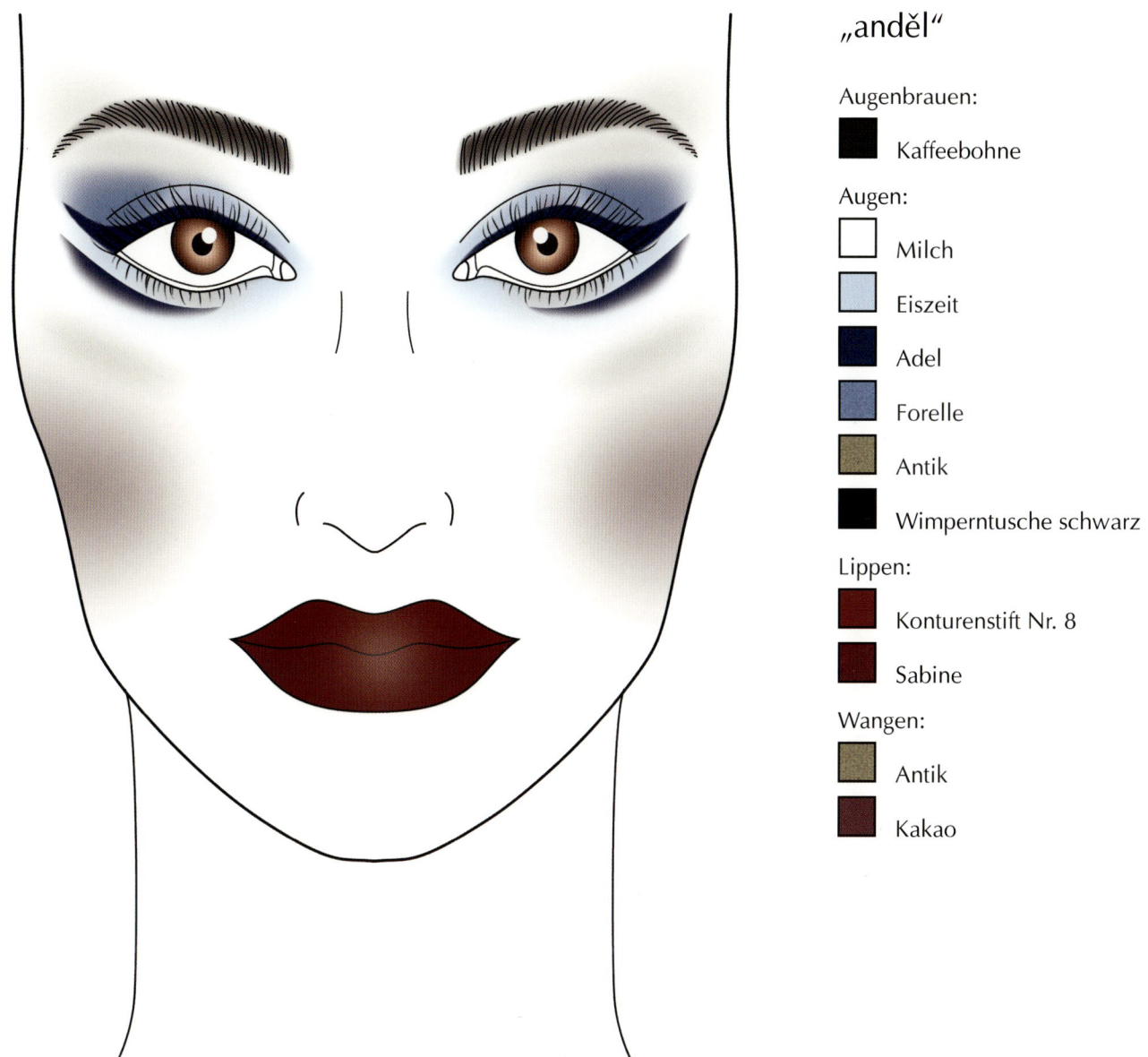

„anděl"

Augenbrauen:

■ Kaffeebohne

Augen:

□ Milch

■ Eiszeit

■ Adel

■ Forelle

■ Antik

■ Wimperntusche schwarz

Lippen:

■ Konturenstift Nr. 8

■ Sabine

Wangen:

■ Antik

■ Kakao

Beni Durrer Produkte für „anděl":

Grundierung:	Studio-Make-up Nr. 4, 12, 16
	Puder Nr. 6
	Pinsel Nr. 1, 30, 31
Augen:	Lidschatten „Kaffeebohne", „Milch", „Eiszeit", „Adel", „Forelle", „Antik"
	Wimperntusche schwarz
	Wimpernperücke „Burlesque"
	Pinsel Nr. 7, 9, 10, 11, 13, 15, 16, 26, 35, 36, 37, 46, 49, 66
Lippen:	Konturenstift Nr. 8
	Lippenfarbe „Sabine"
	Pinsel Nr. 20
Wangen:	Lidschatten „Antik", „Kakao"
	Pinsel Nr. 4, 5

Fantasie

„BaRock" – Bezaubernde Maskerade

Im Jahr 2011 zierte mein Make-up-Vorschlag „BaRock" die Plakate zur 25. Deutschen Make-up-Meisterschaft. Das freute mich natürlich, vor allem weil mein Vorschlag kaum verändert wurde. Ich saß damals bei den Meisterschaften nicht nur in der deutschen Jury, ich durfte für eine internationale Jurytätigkeit sogar nach Istanbul reisen. Das war auch sehr spannend und abenteuerlich, aber das ist eine andere Geschichte.

Mein Model für „BaRock", Susi, kenne ich schon viele Jahre durch unzählige Modenschauen, für die ich von einer Agentur aus tätig war. Den Namen der Agentur möchte ich hier nicht erwähnen, denn der Inhaber hat nach einer Pleite bis heute meine Rechnungen nicht bezahlt. Da ich aber wiederum mein Team bezahlen musste, blieb ich auf meinen Ausgaben sitzen. Ich habe lernen müssen, dass im Ernstfall leider auch keine Verträge weiterhelfen. Es ist hart, diesen Menschen immer wieder auf Modenschauen zu sehen, wie er ungehindert weiter macht.

Am Abend vor dem Shooting fühlte ich mich nicht wohl und rief meine Freundin Carmen an, eine der besten Visagistinnen, die ich kenne. Ich bat sie um Hilfe, denn ich hatte überhaupt keine Idee und war nicht kreativ. Doch anstelle mir zu helfen, schimpfte sie ordentlich mit mir und meinte, das sei wohl nicht mein Ernst, sie nach einer Idee zu fragen, das solle ich doch gefälligst selber machen. Ich war völlig perplex, aber auch wachgerüttelt und am Tag darauf kreierte ich dieses Make-up. Als ich es Carmen zeigte, bekam ich von ihr das schönste Kompliment, was ich jemals von ihr bekommen hatte, es sei „das geilste Make-up, was ich je gemacht habe" (damals).

Bildhinweis:

Make-up: Beni Durrer
Haare: Ludwig Becker
Model: Susi Köhn
Fotos: Fabian Maerz, www.fabianmaerz.de
Stola: Stefan Reinberger, www.reinberger-berlin.de

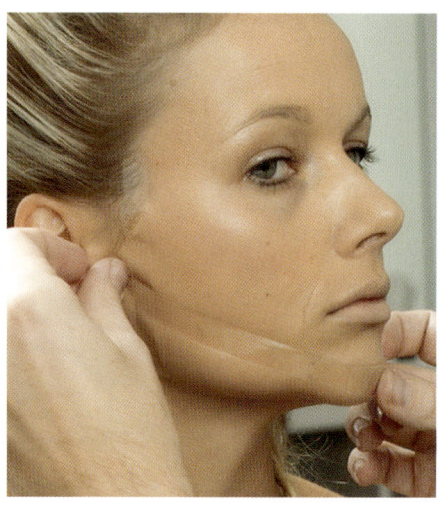

1. Grundierung

Gleichen Sie den unteren Teil des Gesichtes mit einem dem Hautton entsprechenden Make-up mithilfe eines Schwämmchens aus. Nicht zu dick auftragen, nicht abpudern.

2. Abkleben

Kleben Sie mit einem Klebestreifen mit glatten Seiten die Kanten ab. Achten Sie auf beiden Gesichtshälften auf absolute Symmetrie. Haben Sie den Klebestreifen auf die Haut gelegt und müssen den Sitz korrigieren, entfernen Sie das Stück und verwenden ein neues, sonst hält der Klebestreifen nicht gut genug.

3. Grundierung, weiß

Tragen Sie nun mit einem Grundierungspinsel weißes Make-up auf und streichen es sorgfältig glatt, so dass eine ebenmäßige Fläche entsteht. Eventuell mit einem Make-up-Schwämmchen tupfend nacharbeiten. Färben Sie mit der weißen Grundierung und einem Pinsel auch einzelne Haarsträhnen ein.

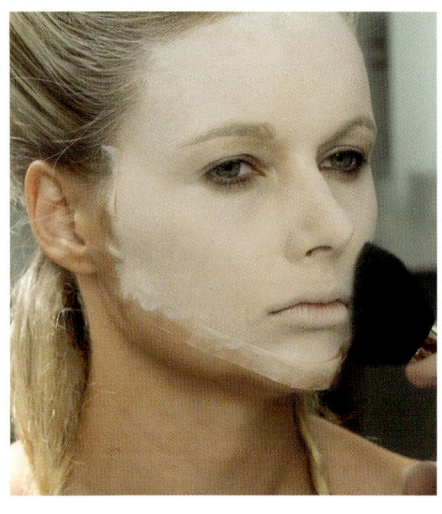

4. Fixierung

Mit einem weißen Puder und einem großen, weichen Kaschmierziegenhaarpinsel das Make-up fixieren. Puder und Make-up in Griffweite aufbewahren, das benötigen Sie sicherlich später erneut für Nachbesserungen.

5. Augenumrandung

Die Augen mit einem schwarzen Konturenstift stark umranden. Beginnen Sie am unteren Augenlid, damit das bewegliche Lid keine Farbe abbekommt, wenn das Model erst danach nach oben schauen würde.

6. Verblenden

Damit die Augenkontur nicht zu hart wirkt, den Rand mit einem Weichzeichner soften. Bei diesem Make-up ist es beim Aufstützen auf der Haut noch wichtiger als sonst, mit einer Gesichtsquaste zu arbeiten, um die Grundierung nicht zu ruinieren.

7. Lidschatten, weiß
Tupfen Sie zunächst einen weißen, matten Lidschatten mit einem Lidschattenapplikator auf das Auge auf und arbeiten Sie die Farbe anschließend mit einem flachen Pinsel ein, so dass eine ebenmäßige Fläche entsteht.

8. Lidschatten, schwarz
Nun mit Klebestreifen die Linie für die Augendekoration abkleben. Beginnen Sie von der Klebestreifenseite her einen schwarzen Lidschatten mit dem Lidschattenapplikator vorsichtig aufzutupfen. Arbeiten Sie vorsichtig, damit sich die Haut nicht verzieht und sich der Klebesteifen nicht löst.

9. Verblenden
Mit einem großen, weichen Lidschattenpinsel aus Eichhörnchenhaar die schwarzen Farbpigmente in kreisenden Bewegungen verblenden. Je mehr Sie kreisen, umso weicher wird der Farbverlauf. Arbeiten Sie aber gezielt von dunkel nach hell!

10. Mittlere Farben
Nun von dunkel nach hell einen graublauen Ton mit demselben Pinsel weich auftragen. Danach einen hellen grünblauen Ton verwenden und für die hellste silberne Glanzfarbe einen größeren Pinsel nehmen, mit dem man großzügig über das ganze Augen-Make-up und die Stirn drüber geht.

11. Augenbrauen
Mit einem abgeschrägten Augenkonturenpinsel und einem schwarzen Lidschatten die Augenbrauen nachzeichnen. Sehr exakt arbeiten und die Augenbrauen nach innen zur Nasenwurzel deutlich verlängern, fein auslaufen lassen.

12. Linien ausbessern
Den Klebestreifen vorsichtig entfernen, dabei die Haut festhalten. Sollten die dunklen Linien nicht ganz exakt sein, können sie nun nachgearbeitet werden.

13. Grundierung ausbessern

Die Stellen, an denen die Grundierung durch den Klebestreifen gelitten hat, mit der weißen Grundierung und dem Grundierungspinsel vorsichtig nacharbeiten und abschließend mit dem weißen Puder und einem Puderpinsel fixieren.

14. Wimperntusche

Die unteren Wimpern mit einer schwarzen Wimperntusche tuschen. Die oberen werden erst nach dem Kleben der künstlichen Wimpern getuscht, ansonsten wären sie zu steif und würden beim Kleben stören.

15. Wimpernperücken

Kleben Sie zunächst oben auf den eigenen Wimpernkranz eine schräge Wimpernperücke mit Strasssteinchen auf, danach auch unten. Wenn der Wimpernkleber getrocknet ist, die oberen Wimpern mit den künstlichen Wimpern zusammen tuschen, damit sie sich verbinden.

16. Lippen

Mit einem rosafarbenen Konturenstift nur das Lippenherz und den unteren Bogen nachzeichnen und ausfüllen, die Ecken werden weiß belassen. Mit einer weiß glänzenden Lippenfarbe die Mitte der Lippen ausfüllen und mit perlmuttfarbenen kleinen Glimmerpartikeln dekorieren, mit Lippenlack abschließen.

17. Wangen

Zur Zeit des Rokoko trugen die Frauen das Wangenrouge rund und puppenhaft. Um dies perfekt umsetzen zu können, habe ich einen intensiven Rosaton mit einem runden Barockrougepinsel statt auf dem Wangenpunkt unterhalb des höchsten Wangenpunktes kreisrund appliziert.

18. Verzierungen

Die Ecken der weißen Maske verzieren. Diese grafischen Elemente lassen sich gut mit Eyeliner aufmalen. Passend zu den Lidschattenfarben arbeite ich hier mit einem graublauen und einem silbernen Eyeliner.
Den Schönheitspunkt über der Lippe nicht vergessen.

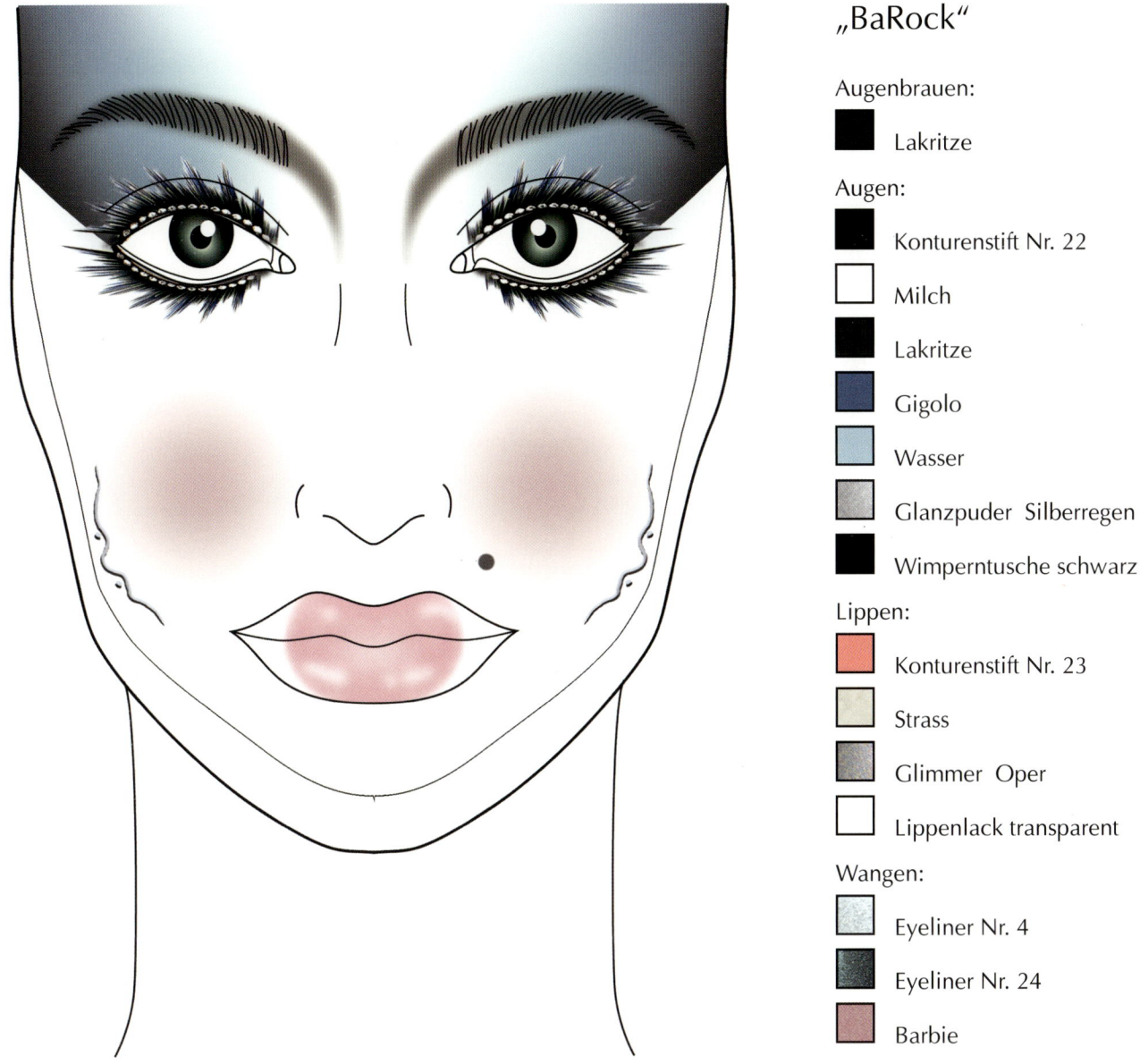

„BaRock"

Augenbrauen:

■ Lakritze

Augen:

■ Konturenstift Nr. 22

□ Milch

■ Lakritze

■ Gigolo

■ Wasser

■ Glanzpuder Silberregen

■ Wimperntusche schwarz

Lippen:

■ Konturenstift Nr. 23

■ Strass

■ Glimmer Oper

□ Lippenlack transparent

Wangen:

■ Eyeliner Nr. 4

■ Eyeliner Nr. 24

■ Barbie

Beni Durrer Produkte für „BaRock":

Grundierung: Studio-Make-up Nr. 0, 6
　　　　　　　Puder Nr. 0
　　　　　　　Pinsel Nr. 1, 30
　　　　　　　Make-up-Schwämmchen
Augen:　　　　Lidschatten „Milch", „Lakritze", „Gigolo", „Wasser"
　　　　　　　Konturenstift Nr. 22
　　　　　　　Wimperntusche schwarz
　　　　　　　Glanzpuder „Silberregen"
　　　　　　　Wimpernperücke „Liza"
　　　　　　　Pinsel Nr. 5, 6, 8, 9, 11, 15, 37
Lippen:　　　　Konturenstift Nr. 23
　　　　　　　Lippenfarbe „Strass"
　　　　　　　Glimmer „Oper"
　　　　　　　Lippenlack transparent
　　　　　　　Pinsel Nr. 20
Wangen:　　　Lidschatten „Barbie"
　　　　　　　Eyeliner Nr. 4, 24
　　　　　　　Pinsel Nr. 40

„Clown Daniel" – Hier ist Präzision gefragt

Mein Freund Daniel und ich waren bei seinen Eltern auf dem Land zu einem Karnevalsball eingeladen. Nachdem wir in der heimischen Küche die halbe Verwandtschaft geschminkt hatten, habe ich aus Daniel einen Clown gezaubert; obwohl er das zu Beginn gar nicht wollte. Für mich selber hat es dann leider nur noch zu einem Piraten gereicht, da der Ball schon längst angefangen hatte. So beeilten wir uns und liefen zu dem Festsaal, wo unzählige, zum Teil recht konservativ wirkende Menschen in sehr bunten Plastikkostümen mit sehr wenig Make-up Karneval feierten.

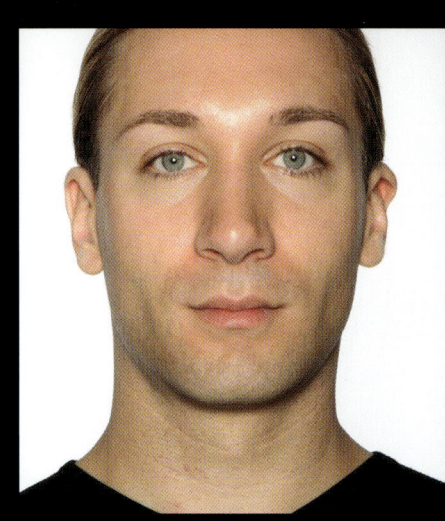

Der Clown und der Pirat drängelten sich in dem engen Flur an der auf ihren Auftritt wartenden Prinzengarde vorbei und schossen durch die Eingangstür in den Saal – in dem Moment blickte ich auf einen etwas verwirrten Moderator und dutzende irritierte Gäste und hörte nur noch die Wortfetzen „Begrüßen sie mit uns das Prinzenpaar!"

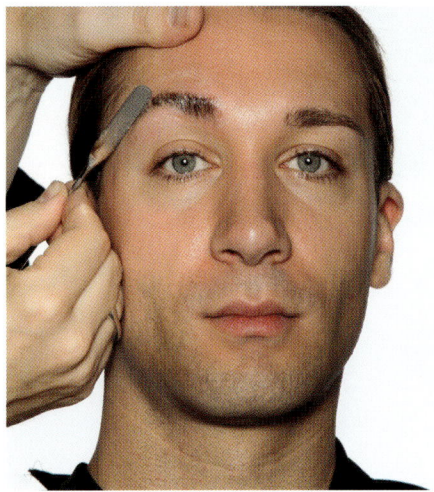

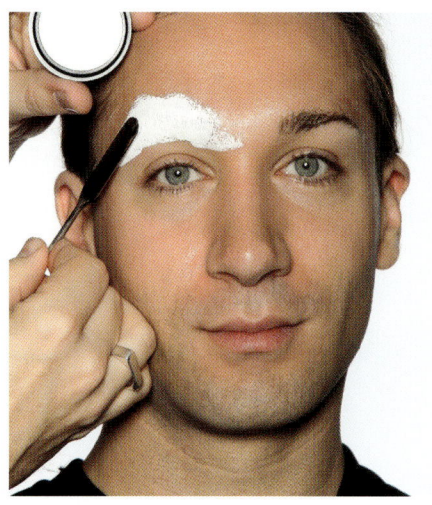

1. Vorbereiten

Mit einem Hautkleber aus dem Theaterbedarfsladen die Augenbrauen mit einem Pinsel aus Kunsthaar einpinseln. Dann mit einem Metallspatel die Augenbrauenhärchen so lange nach oben und auf die Haut drücken, bis der Kleber zu trocknen beginnt. Nun lässt sich die Masse gut formen.

2. Brauen grundieren

Wenn der Kleber nach ein paar Minuten richtig trocken ist, eine weiße, kompakte und sehr stark deckende Grundierung mit dem Metallspatel auf die Augenbrauen auftragen. Durch die Menge der Grundierung in den Brauen werden die Zwischenräume aufgefüllt und die Fläche wird ebenmäßiger.

3. Grundierung

Nun die Grundierung von der Gesichtsmitte zum -rand hin auslaufend auf das ganze Gesicht auftragen. Das Make-up muss sehr kompakt und ebenmäßig sein. Mit einem Make-up-Schwämmchen nacharbeiten und zum Rand hin auslaufen lassen. Sorgfältig arbeiten, hier sieht man alles!

4. Fixierung

Mit einer Gesichtsquaste transparenten bzw. weißen Gesichtspuder großzügig auf das Gesicht auftupfen. Einige Minuten warten, dann mit einem weichen Puderpinsel überschüssigen Puder entfernen.

5. Lidschatten

Tragen Sie weiße Lidschattenfarbe auf das bewegliche Lid und um das Auge herum mit einem weichen Eichhörnchenpinsel auf. Durch den Lidschattenpuder wird die Grundierung in der Augenpartie nochmals fixiert, gleichzeitig besitzt der Lidschatten eine höhere Deckkraft als der lose Puder.

6. Augenbrauen

Die „neuen" Augenbrauen mit einem schrägen Augenkonturenpinsel in einem großen Bogen über den Augen mit schwarzem Lidschatten neu zeichnen. Diese Linie endet fast vorn an der Nasenspitze und geht in einem kleinen Bogen bis zum Nasenflügelende. Parallel arbeiten!

7. Verstärken

Die Linie sollte sehr exakt gearbeitet sein, erst dann können Sie weiter arbeiten. Jetzt diese Linie mit dem gleichen Pinsel und dem schwarzen Lidschatten verbreitern und verstärken, von der Linie her auslaufend arbeiten.

8. Verblenden

Arbeiten Sie die Schattierung noch weicher aus, indem Sie mit einem weichen Eichhörnchenpinsel ohne Farbe die bereits vorhandenen Farbpigmente verblenden.

9. Markierung

Diesen Trick habe ich mir selbst beigebracht: Mit den Punkten markiere ich mir die Eckpunkte der Ornamente, die ich anschließend zeichnen möchte. Einfach mit einem schwarzen Konturenstift die äußeren Punkte auf der linken Seite setzen, dann auf der rechten Seite kopieren und wiederholen.

10. Eyeliner

Geben Sie einen Tropfen Fixatorlösung in den Cake-Eyeliner und rühren es mit dem Eyelinerpinsel an. Verbinden Sie nun mit dem Cake-Eyeliner die Punkte miteinander und füllen das Innere aus. Für gerade Linien bevorzuge ich einen abgeschrägten Augenkonturenpinsel.

11. Konturierung

Mit einem schrägen Konturenpinsel schwarze Lidschattenfarbe unter dem Wangenknochen, aus der Ohrmuschel heraus, auftragen und dann nach vorn, nach oben und nach unten weich verblenden. Auf beiden Seiten gleichmäßig arbeiten und das Ergebnis im Spiegel kontrollieren!

12. Lippenkontur

Für dieses Make-up werden die Lippen komplett neu gezeichnet, dabei darf extrem übertrieben werden. Mit einem schwarzen Konturenstift die neue Form zeichnen und innen ausfüllen. Die verlängerten Mundwinkel nach oben zeichnen, ansonsten wirkt der Clown zu böse oder zu traurig.

13. Lippenfarbe

In die Mitte der Lippen mit einem Lippenpinsel eine weiß glänzende Lippenfarbe auftragen und weich verblenden. Vor allem bei so extremen Farbunterschieden müssen Sie sehr exakt arbeiten, damit nicht alles in einer „grauen Suppe" verläuft.

14. Effekt

Tupfen Sie in die Lippenmitte zum Schluss mit dem gleichen Pinsel noch etwas Glimmerpartikel in Silber auf – das verleiht dem Make-up einen Hauch Glamour.

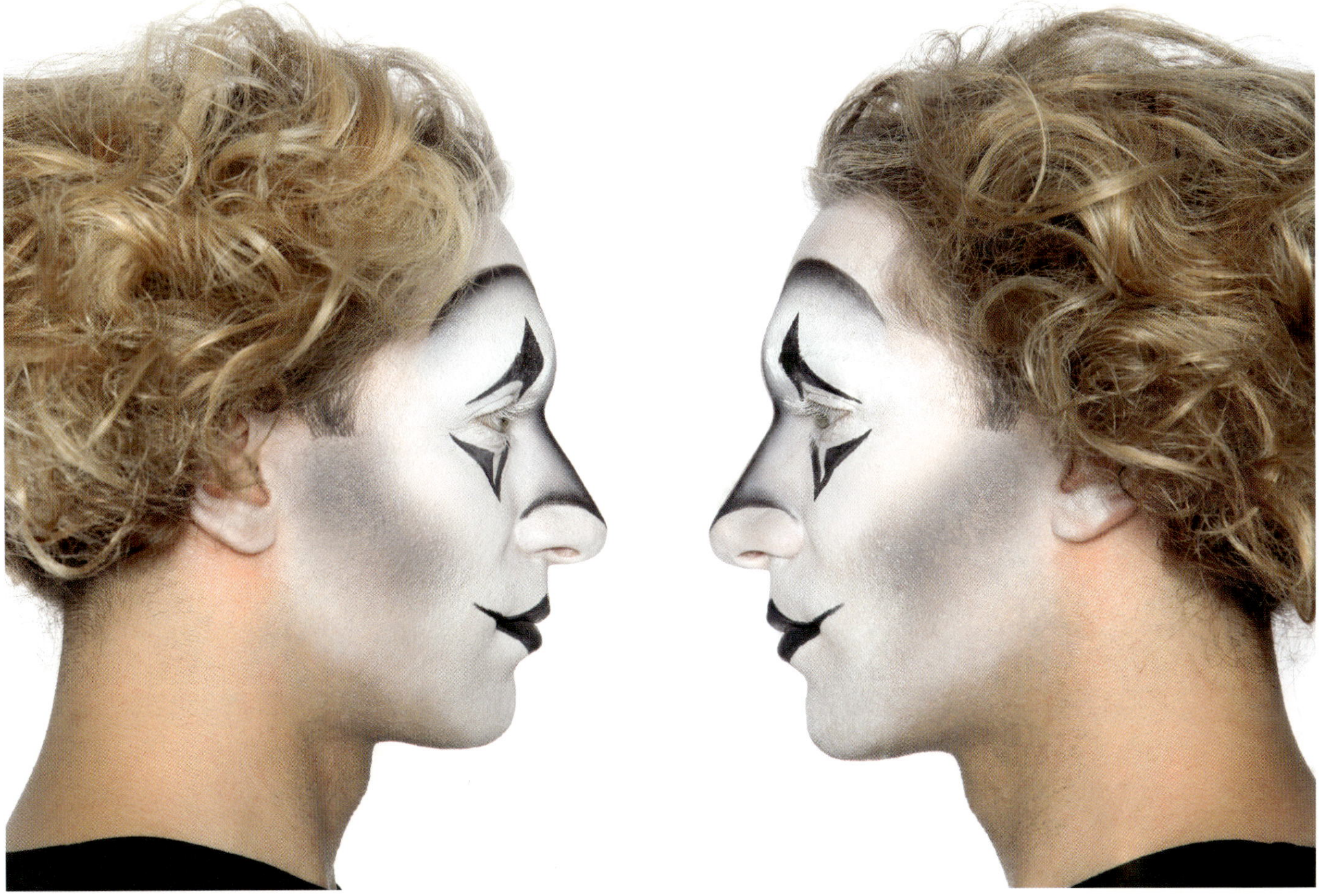

Ein schöner Clown, fast zu schade, um es wieder ab-zuschminken. Beim Fanta-sie-Make-up gibt es prak-tisch keine Grenzen und so entstehen jeden Tag neue Gesichter und neue Ideen. Was für ein schöner Beruf!

„Clown Daniel"

Augenbrauen:

■ Lakritze

Augen:

□ Milch

■ Cake-Eyeliner schwarz

Lippen:

■ Konturenstift Ebenholz

▫ Strass

▨ Zauberglimmer silber

Wangen:

■ Lakritze

Beni Durrer Produkte für „Clown Daniel":

Grundierung:	Studio-Make-up Nr. 0
	Puder Nr. 0
	Pinsel Nr. 1, 29, 30
	Hautkleber, Metallspatel, Make-up-Schwämmchen
Augen:	Lidschatten „Milch", „Lakritze"
	Cake-Eyeliner „Schwarz", Fixator
	Pinsel Nr. 9, 16, 19, 36
Lippen:	Konturenstift „Ebenholz"
	Lippenfarbe „Strass"
	„Zauberglimmer silber"
	Pinsel Nr. 22
Wangen:	Lidschatten „Lakritze"
	Pinsel Nr. 4

„Fräulein Spock" – Ein Make-up mit futuristischem Touch

Ich komme ursprünglich aus Luzern; einer Stadt, in der Karneval ganz groß geschrieben wird. Auf all den Maskenbällen fand ich die tollen Masken oder Halbmasken immer unheimlich klasse, aber nach ein paar Stunden leider auch sehr störend und unbequem. Für dieses Make-up habe ich deshalb eine Maske geschminkt – so hat man trotz Maskerade freie Sicht auf alles. Ich finde mein Model sieht mit dieser Frisur aus wie eine entlaufene Schönheit aus einem Science-Fiction-Film. Deshalb habe ich Sie „Fräulein Spock" getauft.

Für eine Maskerade wie „Fräulein Spock" ist eine perfekte Grundierung das Wichtigste, denn Rötungen oder Pickelchen würden von der Maske ablenken. Nach der Grundierung umrande ich die Augen dunkel und schattiere sie mit zwei verschiedenen Lilatönen in hell und dunkel klassisch aus. Mit einem geraden Pinsel und einem anthrazitfarbenen Lidschatten zeichne ich das Gerüst für die Maske. Den ersten, breiten Strich ziehe ich knapp einen Finger breit über den Augenbrauen und den zweiten Strich knapp einen Finger breit unter den Augen. Die beiden Linien müssen absolut parallel zueinander sein. Bei der Nasenpartie ist allerdings besondere Sorgfalt gefragt, damit die Linie trotz der Gesichtskonturen gerade und nicht wellig verläuft. Anschließend softe ich die Konturen mit dem Pinsel nach innen aus. Die innere Fläche zwischen den beiden Linien helle ich mit perlweissfarbenem Lidschatten auf, hier verwende ich zusätzlich einen Silberton und ein metallisches Grausilber, um die Übergänge an den beiden Linien zu soften. Mit einem großen, weichen Pinsel arbeite ich von dunkel nach hell und umgekehrt. Um dem breiten Band einen spacigen Touch zu verleihen, male ich nun Kreise auf. Dazu verwende ich das Stielende eines großen Pinsels als Schablone und arbeite mit einem Pinsel und der anthrazitfarbenen Lidschattenfarbe, die ich fein auslaufen lasse, um den Stiel herum. Die Kreise male ich mit lilafarbenem Lidschatten aus und dekoriere sie mit perlmuttfarbenem Glimmer. Die Augenbrauen zeichne ich etwas eckiger nach und ziehe die Form vorn an der Nasenwurzel in Richtung Nasenspitze leicht nach unten. Mit Wimpernkleber fixiere ich Pailletten auf der Haut; diese sollten jedoch nicht zu symmetrisch aufgeklebt werden. Die Lippen zeichne ich mit einem tiefen lilafarbenen Konturenstift vor, den ich nach innen verblende. Die Lippen fülle ich mit einem glänzenden Pinkton mit metallischem Effekt aus und tupfe auch hier wieder perlmuttfarbenen Glimmer in der Mitte auf. Eine Wimpernperücke verleiht dem spacigen Make-up einen zusätzlich futuristischen Touch. Die silbernen Spiegelpailletten an der Unterseite der Wimpernperücke sind ein toller Blickfang bei „Fräulein Spock" – besonders im Scheinwerferlicht funkeln sie verführerisch.

Bildhinweis:

Make-up: Beni Durrer
Haare: Tanja Lehne
Model: Alexandra W., www.vivamodels.de
Foto: Fabian Maerz, www.fabianmaerz.de

Hochzeit

„Chantal" – Nicht immer nur Pink und Rosé

Traditionell wird die Braut meist in zarten Farben wie Rosétönen, kühlem Pink oder Apricot geschminkt. Doch nicht jede Braut trägt heutzutage ein weißes Kleid, denn beim Brautkleid ist mittlerweile erlaubt, was gefällt: von weiß über grün bis hin zu royalblau.

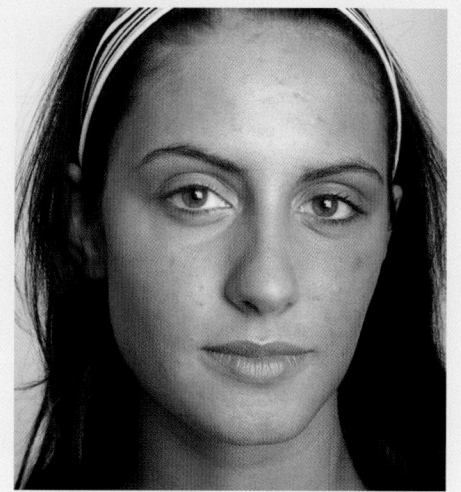

Ich erinnere mich an eine etwas ältere Braut in einem roten Kleid; ihr schminkte ich passend zum Kleid die Lippen in tiefem Rot – es sah umwerfend aus. Und dann war da noch eine verrückte Braut in einem royalblauen Kleid mit blonden Haaren und natürlich royalblauem Lidschatten. Eine ökologisch sehr bewusste Frau heiratete in einem moosgrünen Filzkleid, eine Geschichtslehrerin in einem kupferfarbenen Rokokokleid und eine dramatische Diva trug zu ihrer Hochzeit sogar ein schwarzes Kostüm von Thierry Mugler, im Arm ein Strauß rote Rosen und ihr Mann in einem weißen Anzug – natürlich trug sie passend rote Lippen und ein dramatisches Augen-Make-up.

Und deshalb sollte auch das Make-up für das Ja-Wort nicht festen Regeln folgen, sondern vor allem typgerecht und auf Kleid, Blumenstrauß, Schmuck und natürlich die Persönlichkeit der Braut abgestimmt sein. Hier zeige ich Ihnen, dass es für den schönsten Tag im Leben beim Make-up auch etwas kräftiger oder bunter sein darf; eben typgerecht!

Augenbrauen geben dem Gesicht den richtigen Rahmen. Ein paar Tage vorher werden sie nochmals in Form gezupft und eventuell die Wimpern gefärbt. Die ideale Vorbereitung für die Haut am Tag der Hochzeit ist eine Feuchtigkeitsampulle, die Grundierung hält dann länger und das Gesicht wirkt frischer.

Bildhinweis:

Make-up: Beni Durrer
Haare: BD-Team
Model: Chantal von Pro Fashion, www.profashionberlin.de
Fotos: Fabian Maerz, www.fabianmaerz.de
Kleid: Andrej Subarew, www.subarew.com
Schmuck: Claudia Gantenbein, Schweiz

1. Grundierung

Als Grundierung ein dem Hautbild entsprechendes Make-up mit einem angefeuchteten Schwämmchen auftragen. Mit dieser Applikationstechnik wirkt das Make-up transparenter, deckt aber trotzdem kleine Hautmakel gut ab.

2. Fixierung

Als perfektes Finish tragen Sie Gesichtspuder großzügig mit einer Quaste auf, den Überschuss mit einem Puderpinsel abnehmen. Pudern Sie bei einem Braut-Make-up das Gesicht immer gut ab, damit die Haut auf den Fotos nicht glänzt.

3. Augenbrauen

Bürsten Sie die Brauen mit einer Augenbrauenbürste nach unten und arbeiten Sie diese mit einem schrägen Augenkonturenpinsel sowie einem, der Haarfarbe entsprechenden, dunkelbraunen Lidschatten nach. Anschließend Härchen nach oben in Form bürsten.

4. Augenkontur

Mit einem dunkelgrünen Konturenstift die Augenkontur nachzeichnen. Mit einem Weichzeichner die Linien soften, dies lässt das Make-up zarter wirken. Hier greift der Grünton eine der Farben des Blumenstraußes auf und bildet einen sanften Kontrast zum Kleid.

5. Lidschatten, hell

Tupfen Sie mit einem Lidschattenapplikator champagnerfarbenen Lidschatten unter die Partie der Brauen und verwischen Sie die Farbe. Das bewegliche Lid mit einem Applikator und einem hellen, glänzenden Grünton einfärben. Die Farbe auch unterhalb des inneren Augenwinkels auftragen.

6. Lidschatten, dunkel

Die Partie am unteren Wimpernkranz mit einem dunklen, matten Grün nochmals nachzeichnen und leicht nach unten verwischen. Die Lidfalte mit dem gleichen Ton eindunkeln. Darüber einen helleren, ebenfalls matten Grünton geben. Auch am unteren Wimpernkranz die Kontur mit diesem Ton leicht aufhellen.

7. Wimpern und Lidstrich

Mit schwarzem Cake-Eyeliner und einem schmalen Eyelinerpinsel einen Lidstrich ziehen. Für ein Braut-Make-up empfehle ich Ihnen wasserresistente Wimperntusche, denn auch wenn die ein oder andere Freudenträne fließt, verwischt so schnell nichts.

8. Lippenkontur

Die Lippenkontur mit einem rosenholzfarbenen Konturenstift nachzeichnen und eventuell korrigieren. Auch hier sollten Sie darauf achten, dass keine harten Linien entstehen. Die Kontur zum Soften daher leicht nach innen verwischen.

9. Lippenfarbe

Füllen Sie mit einer hellen, stark glänzenden, leicht roséfarbenen Lippenfarbe die Mitte der Lippe aus und blenden Sie die Farbe dann mit einem Lippenpinsel zum Rand hin aus. Wenn gewünscht, transparenten Lippenlack mit dem Lippenpinsel darüber geben, damit die Lippen voller erscheinen.

10. Rouge

Das Wangenrouge sollte für einen harmonischen Effekt farblich auf den Lippenstift abgestimmt werden. Rouge mit einem Rougepinsel auf dem höchsten Punkt der Wangen kreisrund und nach hinten zu den Schläfen auslaufend auftragen, das zaubert zusätzlich etwas Frische ins Gesicht.

Der perfekte Look für die Trauung! Das Make-up ist typgerecht und bringt die wunderschönen Augen der Braut zum Strahlen. Die Farben harmonieren sowohl mit dem Kleid als auch mit dem extravaganten Blumenstrauß. Auch die Haare sitzen perfekt: Die Frisur im Stil der alten Griechen nimmt die schlichte Eleganz und Strenge des Kleides auf.

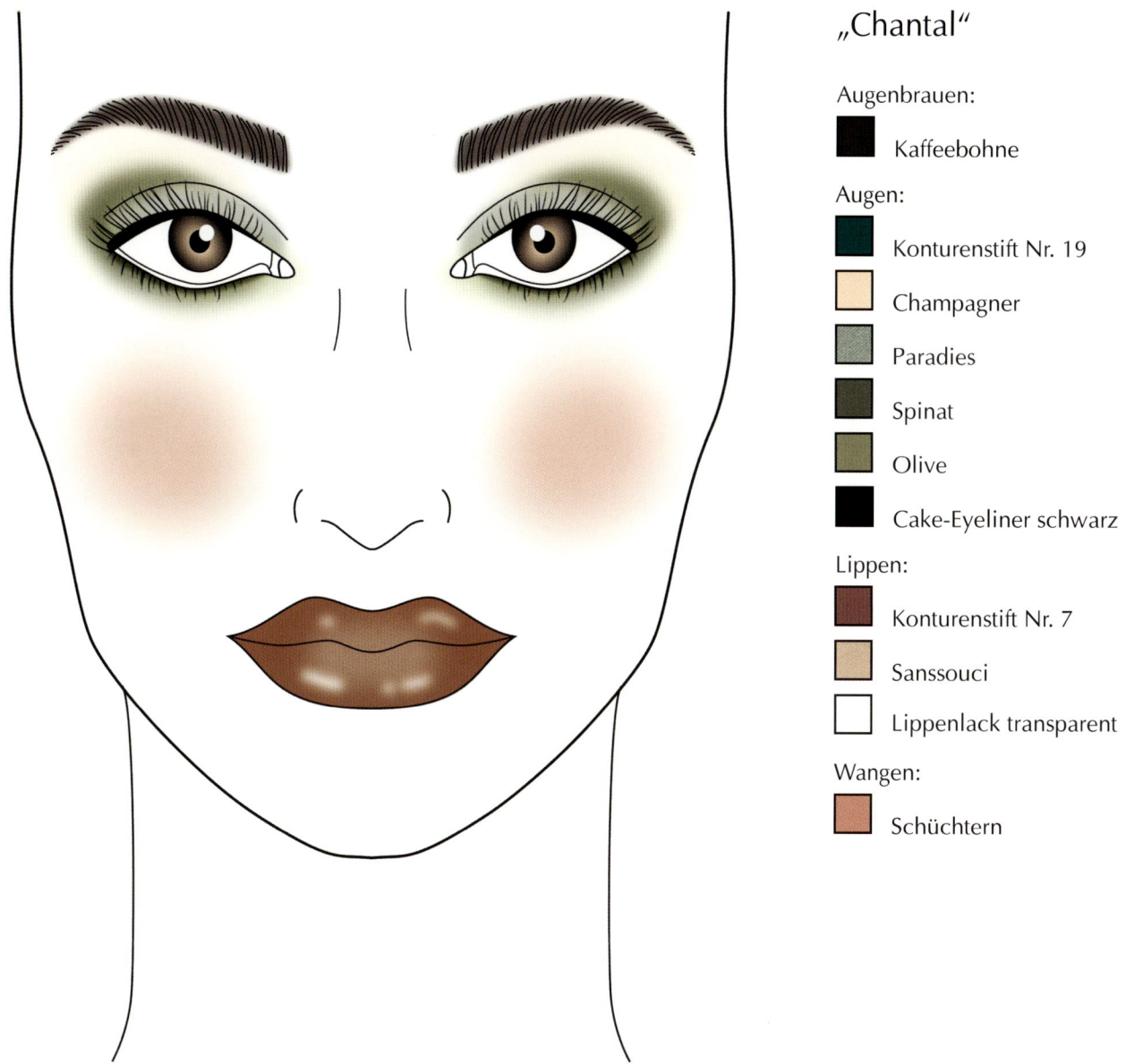

„Chantal"

Augenbrauen:

⬛ Kaffeebohne

Augen:

⬛ Konturenstift Nr. 19

⬜ Champagner

⬜ Paradies

⬛ Spinat

⬛ Olive

⬛ Cake-Eyeliner schwarz

Lippen:

⬛ Konturenstift Nr. 7

⬜ Sanssouci

⬜ Lippenlack transparent

Wangen:

⬛ Schüchtern

Beni Durrer Produkte für „Chantal":

Grundierung:	Studio-Make-up Nr. 10
	Puder Nr. 4
	Pinsel Nr. 1
	Make-up-Schwämmchen, Gesichtsquaste
Augen:	Lidschatten „Kaffeebohne", „Champagner", „Paradies", „Spinat", „Olive"
	Konturenstift Nr. 19
	Cake-Eyeliner „Schwarz", Fixator
	Wimperntusche schwarz, wasserfest
	Pinsel Nr. 7, 8, 9, 11, 12, 14, 19, 36, 37
Lippen:	Konturenstift Nr. 7
	Lippenfarbe „Sanssouci"
	Lippenlack transparent
	Pinsel Nr. 20
Wangen:	Lidschatten „Schüchtern"
	Pinsel Nr. 3

„Betija" – Die Braut, die sich traut!

Auch wenn der schönste Tag im Leben nur 24 Stunden währt: Wer bei Make-up und Haarstyling spart, tut sich selbst keinen Gefallen! Nicht nur, dass alle Augen auf die Braut gerichtet sind, auch Jahre später erinnern zahlreiche Fotos an den großen Tag.

Braut-Make-up vom Profi

Bieten Sie als ausgebildeter Visagist ein spezielles Hochzeits-Styling an. Bei einem ersten Termin werden zunächst die Farbe des Kleides, Stil, Schmuck, eventuelle Brille, farbige Kontaktlinsen und Blumen besprochen, bevor ein Probe-Make-up geschminkt wird. Sind sich Braut und Visagist einig, werden die verwendeten Farben schriftlich und bildlich festgehalten. Am Tag der Hochzeit ist die Braut im Nu fertig: Nur rund 30 Minuten dauert dann das perfekte Make-up, und das ganz ohne Stress! Vergessen Sie nicht der Braut für die Auffrischung zwischendurch Puder und Lippenstift zu verkaufen. Bei vielen Hochzeiten wird der Visagist gleich für den ganzen Tag gebucht: Standesamt, Kirche und die Feier am Abend. Für den Abend und die neuen Lichtverhältnisse können Sie das Make-up nochmals etwas verstärken.

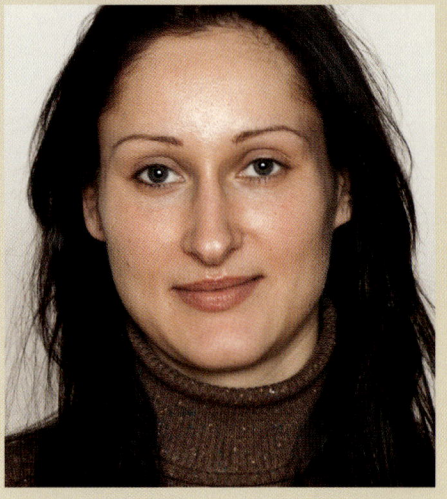

Hier zeige ich ein stärkeres, wunderschönes Braut-Make-up in Blau- und Brauntönen; modern und romantisch zugleich, dynamisch jung und zart verspielt.

Betija ist kein Model – das Shooting mit ihr hat dennoch viel Spaß gemacht und das Ergebnis ist alles andere als langweilig.

Einer der Friseure für dieses Shooting war einer dieser jungen, hippen, kreativen Köpfe voller Elan und Tatendrang. Doch bei aller Begeisterung stehen in unserem Beruf vor allem Disziplin, Können, Zuhören und Einfühlungsvermögen an erster Stelle! Mein damaliger Friseur war leider nur ein paar Wochen bei mir. Was bleibt, sind zauberhafte Bilder.

Eine gepflegte Haut ist die Grundlage eines guten Make-ups. Deshalb sollte sich die Braut vor ihrer Hochzeit die Haut regelmäßig von einer Kosmetikerin pflegen lassen und auch die Augenbrauen müssen gezupft und gestylt werden. Raten Sie der Braut von Besuchen im Solarium vor der Hochzeit ab, denn eventuelle Rötungen können nur schwer durch Make-up ausgeglichen werden.

Bildhinweis:

Make-up: Beni Durrer
Haare: Mira Pieper und David Cianciulli
Model: Betija Wiley
Fotos: Joachim Bloch, www.joachimblochphotos.de
Kleider: ONO KOON, www.onokoon.de

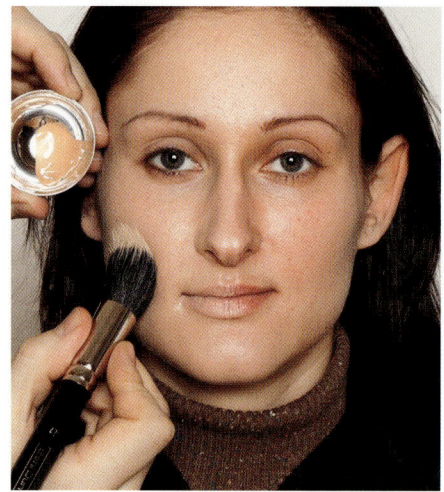

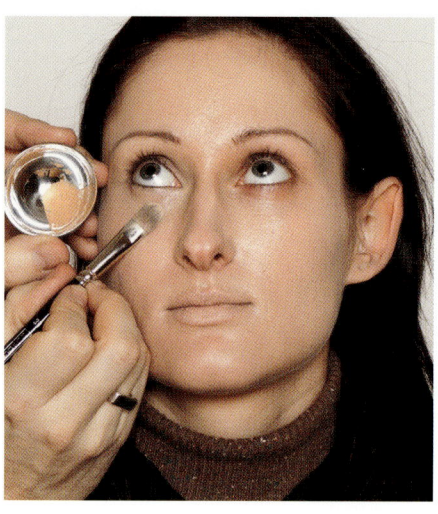

1. Grundierung

Die Grundierung muss auf Hautbeschaffenheit und -ton abgestimmt werden. Hier poliere ich flüssiges Make-up mit einem Spezial-Pinsel in die Haut ein.

2. Concealer

Da die Konsistenz des Make-ups flüssig und sehr fein ist, kann es auch auf die Partie unter den Augen mit einem kleinen Grundierungspinsel aufgetragen werden. Bei extremen Augenringen arbeiten Sie am besten mit einem Roséton. Auch die Augenlider bis unter die Brauen grundieren.

3. Fixierung

Damit die Haut auf den zahlreichen Fotos nicht glänzt, das Gesicht mit einem feinen Puder, der der Farbe der Gesichtshaut entspricht oder etwas heller ist, mit einem großen Puderpinsel abpudern.

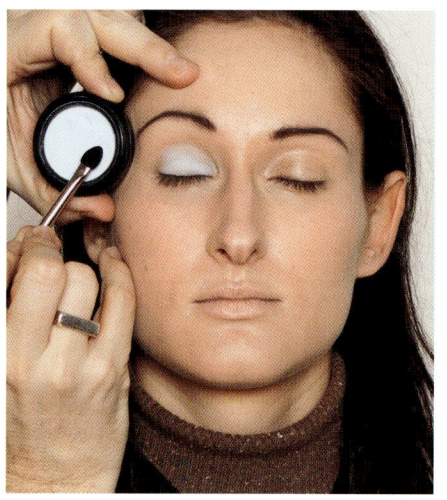

4. Augenbrauen

Mit einem Augenbrauenbürstchen die Brauen zuerst nach unten bürsten, dann am oberen Rand mit einer dem Haaransatz entsprechenden Lidschattenfarbe und einem abgeschrägten Konturenpinsel nachzeichnen und wieder nach oben bürsten.

5. Lidschatten, blau oben

Das bewegliche Lid mit einem strahlend blauen Lidschatten mithilfe eines Applikators aufhellen und die Farbe zu den Seiten und nach oben in Richtung Lidfalte auslaufen lassen.

6. Lidschatten, blau unten

Am inneren Augenwinkel und unterhalb des Auges die gleiche Farbe mit einem abgeschrägten, weichen Augenschattierpinsel auftragen. Dies lässt die Augen strahlen. Für Frauen mit engstehenden Augen sehr gut geeignet; nicht bei weit auseinanderliegenden Augen anwenden.

7. Lidfalte
Dunkeln Sie die Lidfalte mit einem schmalen, runden Lidfaltenpinsel und einer dunkelbraunen Lidschattenfarbe ein. Achten Sie darauf, dass die Intensität am äußeren Augenwinkel am stärksten ist und nach innen fein ausläuft. Ebenso nach oben in Richtung Augenbraue auslaufen lassen.

8. Augenkontur
Um dem Auge Kontur zu verleihen, mit der gleichen Lidschattenfarbe den oberen und unteren Wimpernrand mit dem schrägen Augenkonturenpinsel eindunkeln und die Farbe auslaufen lassen.

9. Lidschatten, braun oben
Mit einem weichen, runden Augenschattierpinsel und einem mittleren, kühlen Braunton die Lidfalte nachzeichnen und die Farbe etwas höher ziehen als den dunkelbraunen Ton. Das lässt die Schattierung weicher wirken.

10. Lidschatten, braun unten
Auch unterhalb des Auges die Kontur mit dem mittleren Braunton absoften; hier aber einen kurzen, runden Lidfaltenpinsel verwenden und weich auslaufen lassen.

11. Highlight
Mit einem großen, weichen Augenschattierpinsel einen kühlen, hellglänzenden Lidschatten unter dem höchsten Punkt der Augenbraue auftragen und nach links und rechts verteilen. Hellen Sie abschließend mit den restlichen Pigmenten im Pinsel die Partie um das Auge herum leicht auf.

12. Wimpern, oben
Mit einer wasserfesten Wimperntusche – schließlich können beim Ja-Wort Tränen kullern – die Wimpern stark eintuschen; dabei vor allem den Ansatz stark einfärben.

13. Wimpern, unten

Mit einem kleinen Fächerpinsel etwas Farbe von der Bürste der Wimperntusche nehmen und den unteren Wimpernkranz damit einfärben. Durch die flache Form kann man auch den Ansatz der Wimpern exakt einfärben und die Wimpern kleben nicht zusammen.

14. Einzelwimpern

Durch Einzelwimpern in verschiedenen Längen, die zwischen die natürlichen Wimpern geklebt werden, lassen sich zauberhafte, lange und dichte Wimpern kreieren. Der weiße Kleber wird nach dem Trocknen durchsichtig.

15. Eyeliner

Einen silbergrauen Eyeliner am Lidrand auftragen, am inneren Augenwinkel sollte er schmal beginnen und nach außen dicker werden.

16. Konturierung

Um die Wangen zu modellieren, diese mit einem sehr viel dunkleren Lidschattenton als die Grundierungsfarbe mit einem Konturenpinsel einkonturieren bzw. eindunkeln. Die Farbe (warm oder kalt) dem Make-up anpassen, hier wurde ein kühler Ton verwendet.

17. Lippenkontur

Zeichnen Sie die Lippenkontur mit einem weichen, rosenholzfarbenen Konturenstift nach und schattieren Sie die Lippen vom Lippenrand nach innen ein.

18. Lippenfarbe

Dann mit einem Lippenpinsel einen Farbton, der etwas intensiver als die eigene Lippenfarbe ist, bei geschlossenem Mund auftragen. Bei geöffnetem Mund besteht die Gefahr, dass Sie mit der Farbe zu weit nach innen und damit an die Zähne kommen.

19. Lippenlack

Anschließend einen sehr hellen, metallisch glänzenden Ton vorn auf die Lippenmitte mit einem Lippenpinsel auftragen – das vergrößert die Lippen optisch. Mit Lippenlack, auch wieder mit dem Lippenpinsel aufgetragen, werden die Lippen zum Glänzen gebracht.

20. Wangen

Abschließend einen roséfarbenen Lidschatten mit einem weichen Rougepinsel auf dem höchsten Punkt der Wangen auftragen, das lässt die Wangen frisch aussehen.

Blau und Braun –
eine wunderschöne
Farb-Kombination
für Bräute, die sich
trauen!

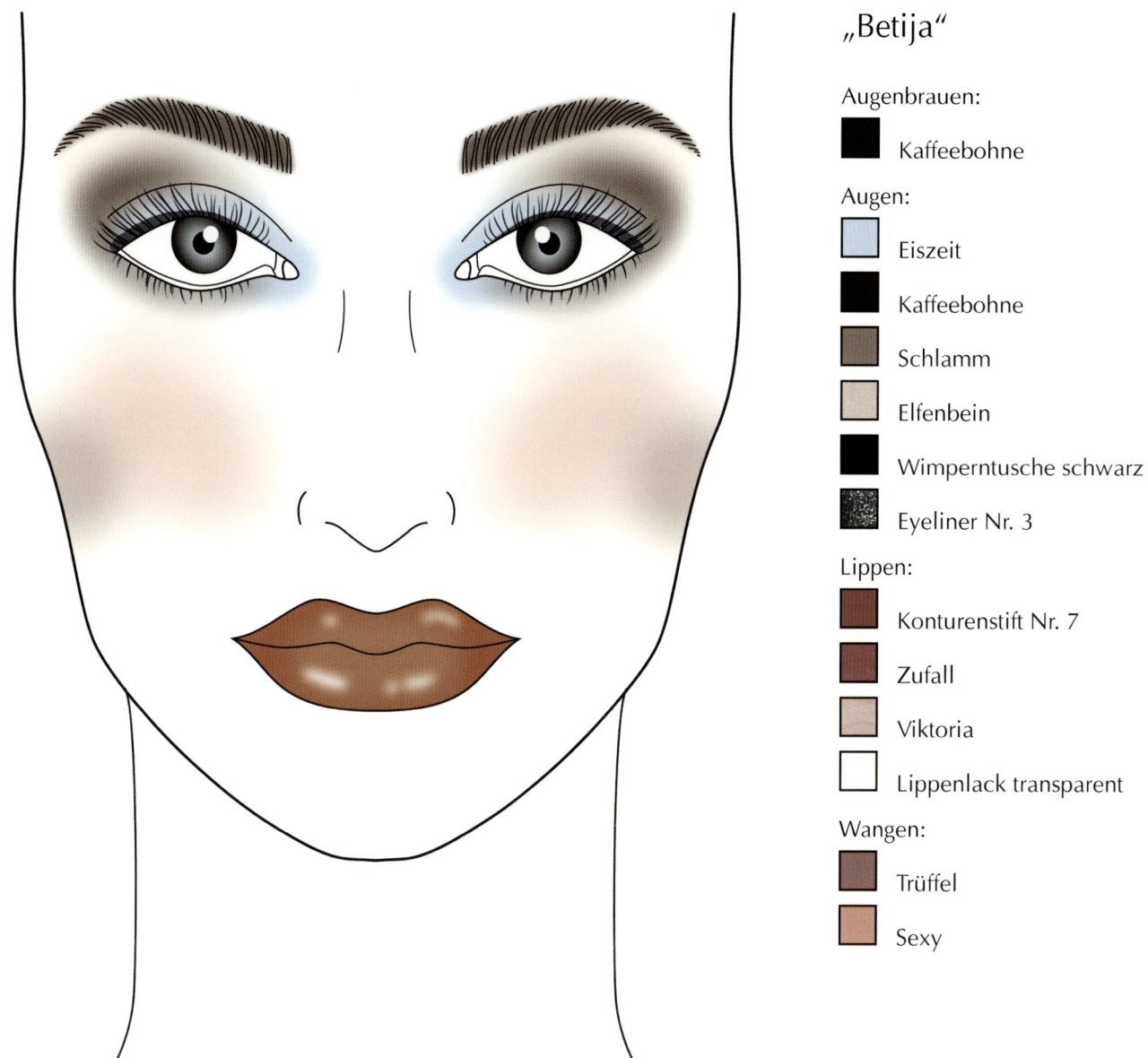

„Betija"

Augenbrauen:

- ⬛ Kaffeebohne

Augen:

- ⬜ Eiszeit
- ⬛ Kaffeebohne
- ⬛ Schlamm
- ⬜ Elfenbein
- ⬛ Wimperntusche schwarz
- ⬛ Eyeliner Nr. 3

Lippen:

- ⬛ Konturenstift Nr. 7
- ⬛ Zufall
- ⬜ Viktoria
- ⬜ Lippenlack transparent

Wangen:

- ⬛ Trüffel
- ⬛ Sexy

Beni Durrer Produkte für „Betija":

Grundierung:	HDTV-Make-up Nr. 220
	Puder Nr. 2
	Pinsel Nr. 1, 31, 42
Augen:	Lidschatten „Kaffeebohne", „Eiszeit", „Schlamm", „Elfenbein"
	Wimperntusche schwarz, wasserfest
	Einzelwimpern gemischt, Einzelwimpern extralang
	Eyeliner Nr. 3
	Pinsel Nr. 7, 9, 11, 12, 13, 14, 15, 26, 66
Lippen:	Konturenstift Nr. 7
	Lippenfarben „Zufall", „Viktoria"
	Lippenlack transparent
	Pinsel Nr. 20
Wangen:	Lidschatten „Trüffel", „Sexy"
	Pinsel Nr. 3, 4

„Ulrike" – Die extreme Braut

In meinem ersten Buch, der „Beni Durrer Make-up-Schule", habe ich ein klassisches Braut-Make-up Step-by-Step gezeigt. Auf dieser Seite sehen Sie als Erinnerung nochmals das Bild.

Bei diesem Hochzeitsshooting habe ich damals auch eine extremere Make-up-Variante geschminkt – für die mutige Braut. Ich liebe es, aus einem klassischen Look etwas Verrücktes zu kreieren!

Für diesen Look habe ich mit einem Gitterband aus dem Baumarkt und weißer Grundierung gearbeitet. Dann habe ich Einzelwimpern geklebt, die ich mit weißem Eyeliner eingefärbt habe. Halbe Perlen im hinteren Bereich mit Wimpernkleber aufgeklebt und ein neues Lippen-Make-up ergeben diesen nostalgisch-futuristischen Look.

Bildhinweis:

Make-up: Beni Durrer
Assistenz: Kathy Gering
Haare: Ji-Na
Fotos: Christian Leschke, www.hasenbox.de
Model: Ulrike Schmutzler
Kleid: Herbert Leibinn, www.hl-highlight.de
Schmuck: Astrid Stenzel, www.ueberlinger-luft.de

Best-Age

„Sabine" – Life is a Bitch

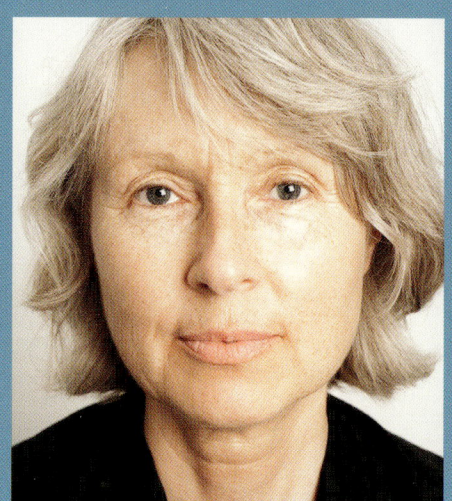

Best-Age; was für ein komisches Wort! Und trotzdem ist mir nichts Besseres in den Sinn gekommen, denn wie nennt man jemanden, der schon etwas länger jung geblieben ist, ohne ihn zu beleidigen? Mir gefällt es auch nicht, wenn zu mir jemand „junger Mann" sagt. Ich bin 44 Jahre alt und sicher nicht mehr jung, auch wenn ich mich sehr jung fühle. Fast lächerlich finde ich es, wenn man eine ältere Frau „junge Frau" nennt. Aber wie spricht man sie richtig an? Man kann ja schlecht „Best Agerin" zu ihr sagen. In meinem Beruf lerne ich viele ältere Frauen kennen, die konsequent wie 20 aussehen wollen und durch Schönheits-OPs versuchen, das zu erreichen. Das bedeutet für mich nicht „Best-Age", sondern Stress. Wer aber mit sich und seinem Leben im Reinen ist und sich akzeptiert, hat eine tolle Ausstrahlung, auch mit Fältchen – und mit etwas gezielt eingesetztem Make-up kann das Schöne im Menschen betont werden. Das ist Best-Age!

Sabine ist Buchautorin und hat jahrelang in Amerika gelebt. Für die Präsentation ihres neuen Buches mit dem Titel „Life is a bitch" habe ich sie dem Anlass entsprechend geschminkt.

Übrigens: Privat schminkt sich Sabine fast gar nicht – eine Ausnahme: sie geht nie ohne ihr „Markenzeichen", ihre roten Lippen, aus dem Haus.

Auf den Bildern schminkt sie sich selber unter meiner Anleitung.

Bildhinweis:

Make-up:	Beni Durrer
Haare:	BD-Team
Model:	Sabine Reichel
Fotos:	Fabian Maerz, www.fabianmaerz.de
Kleid:	Herz und Stöhr, www.herz-stoehr.de

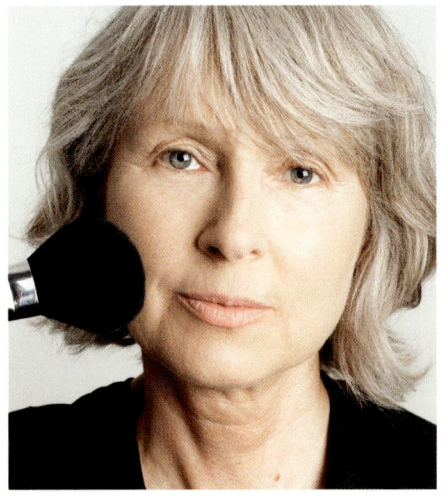

1. Grundierung

Ein sehr helles und stark deckendes Make-up mit einem Grundierungspinsel in die Haut einarbeiten, so dass der Teint ebenmäßig erscheint. Die Grundierung mit Puder fixieren. So hält das Make-up länger und auch im Scheinwerferlicht ist der Teint gut mattiert.

2. Augenbrauen und -kontur

Die inzwischen sehr hell gewordenen Brauen mit einem Grauton und einem schrägen, schmalen Pinsel nachzeichnen. So lange bürsten, bis sie natürlich wirken. Die Augen nun mit schwarzem Konturenstift umranden und soften.

3. Lidschatten

Das bewegliche Lid über die Lidfalte hinaus sowie das Unterlid blaugrau einfärben. Darüber einen matt türkisfarbenen Lidschatten geben und gut ausblenden. Diese Technik auch unterhalb des Auges verwenden.

4. Highlight und Wimpern

Als Highlight einen hellen, hautfarbenen Ton mit einem großen Augenschattierpinsel unter die Augenbrauen setzen, das öffnet den Blick. Um diesen ausdrucksstarken Look perfekt zu machen, mit dem Pinsel nochmals um das ganze Auge herumstreichen. Die Wimpern kräftig in Schwarz tuschen.

5. Lippen

Mit einem bordeauxfarbenen Konturenstift die Lippen nachzeichnen und wo nötig, z.B. am oberen Lippenbogen, korrigieren. Um die Lippen plastischer erscheinen zu lassen, auch die Mundwinkel mit dem Stift ausfüllen. Die violett-rot glänzende Lippenfarbe passt mit ihrem edlen Glanz optimal zu diesem Look.

6. Rouge

Einen zur Lippenfarbe passenden Rougeton kreisrund auf die Wangen auftragen, um so dem Gesicht die nötige Frische zu verleihen.

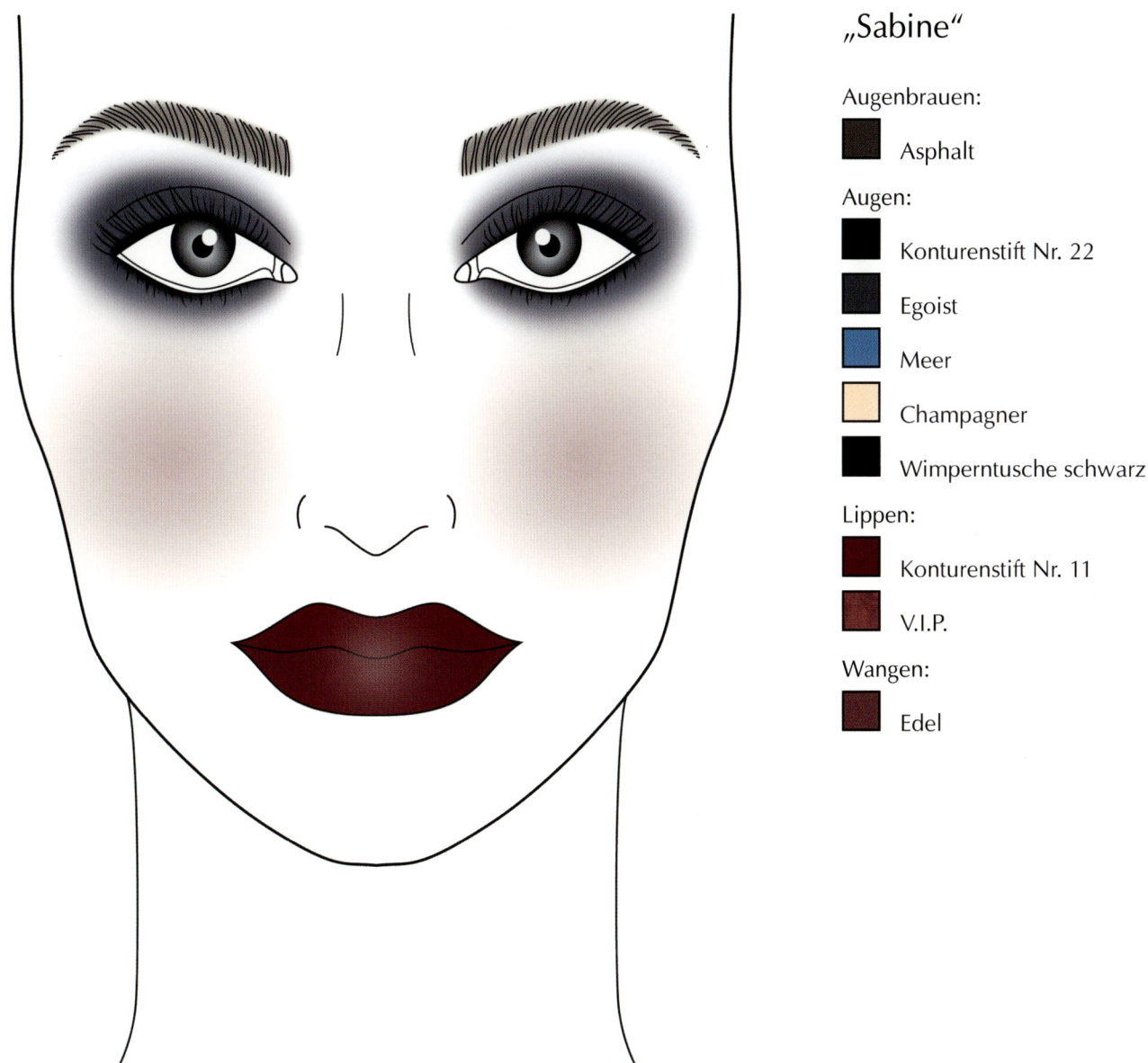

„Sabine"

Augenbrauen:
Asphalt

Augen:
Konturenstift Nr. 22
Egoist
Meer
Champagner
Wimperntusche schwarz

Lippen:
Konturenstift Nr. 11
V.I.P.

Wangen:
Edel

Beni Durrer Produkte für „Sabine":

Grundierung:	Studio-Make-up Nr. 4
	Puder Nr. 4
	Pinsel Nr. 1, 30
Augen:	Lidschatten „Asphalt", „Egoist", „Champagner", „Meer"
	Konturenstift Nr. 22
	Wimperntusche schwarz
	Pinsel Nr. 7, 8, 9, 15, 35, 37
Lippen:	Konturenstift Nr. 11
	Lippenfarbe „V.I.P."
	Pinsel Nr. 20
Wangen:	Lidschatten „Edel"
	Pinsel Nr. 3

„Hiltrud" – Typgerecht, bitte!

Tages-Version:

Eines Abends war ich mit Freunden unterwegs in einem Tanzlokal, wo der legendäre Keith Tynes, früherer Sänger von „The Platters", auftrat. Es war eine wunderbare Stimmung, so wie immer wenn er auftritt. Weil sich an unserem Tisch der einzig noch freie Stuhl in diesem Lokal befand, gesellte sich eine unbekannte Dame zu uns an den Tisch. Sie erzählte, dass sie nur durch einen Zufall in dem Lokal gelandet sei, amüsierte sich aber prächtig. Irgendwann fragte ich sie, ob sie Lust hätte mir Model für einen neuen Look zu stehen. So ganz ernst nahm sie mich zuerst nicht, aber ein paar Tage später meldete sie sich tatsächlich und wir vereinbarten einen Termin. Sie hatte so etwas noch nie zuvor gemacht und fragte mich sogar, ob und was sie denn dafür bezahlen müsse. Ich finde Hiltrud toll und freue mich über das fantastische Ergebnis.

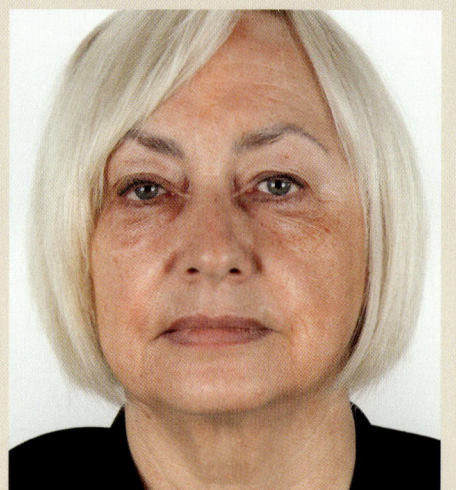

Bildhinweis:

Make-up: Beni Durrer
Haare: Dana Langerwisch
Model: Hiltrud Ossowski
Fotos: Thomas Boss, www.thomas-boss.de

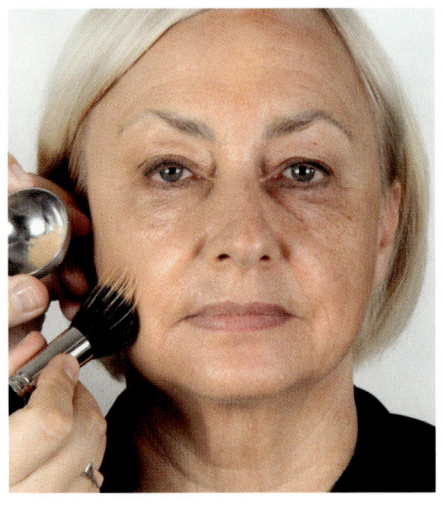

1. Grundierung

Mit einem speziellen Pinsel ein flüssiges Make-up auf die Haut tupfen und dann mit kreisrunden Bewegungen in die Haut einpolieren. Bei starken Unebenheiten unter den Augen sollten Sie auf eine Aufhellung dieser Partie verzichten, um diese nicht noch zusätzlich zu betonen.

2. Augenbrauen

Ausgebleichte oder graue Augenbrauenhärchen mit einem abgeschrägten Augenkonturenpinsel und einem grau-braunen, dem Haaransatz entsprechenden, Farbton nachzeichnen. Dabei eventuell die Form etwas perfektionieren und anschließend mit der Augenbrauenbürste die Härchen wieder in Form bürsten.

3. Augenkontur

Mit einem kühlen, braunen Lidschatten die Augenkontur nachziehen und vom Auge her wegschattieren, so dass es weich ausläuft. Dafür den gleichen Pinsel wie für die Augenbrauen verwenden.

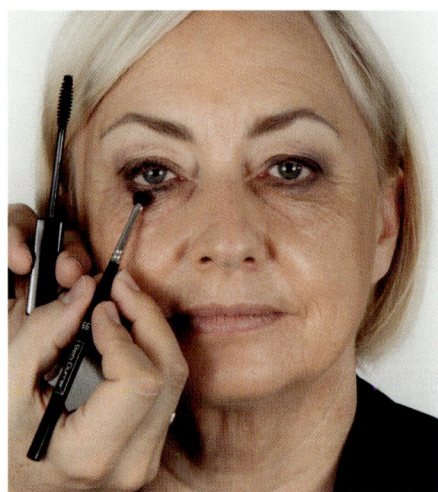

4. Schattierung

Ein kurzer, runder, dicker Lidschattenpinsel eignet sich ideal, um die dunkle Schattierung in der Lidfalte am oberen, äußeren Augenwinkel zu setzen.

Achtung: Dabei die äußeren Linien nicht überschreiten (siehe Buch „Beni Durrer Make-up-Schule")!

5. Highlight

Mit einem weichen Eichhörnchenpinsel, einem großen Augenschattierpinsel, unter der Augenbraue als Highlight einen Champagnerton auftragen und weich verblenden. Mit der Farbe am Schluss nochmals das komplette Auge umfahren.

6. Wimpern

Mit schwarzer Wimperntusche die Wimpern kräftig tuschen. Bei kurzen Wimpernhärchen empfehle ich einen kleinen Fächerpinsel, mit dem man auch den Ansatz der Wimpern perfekt tuschen kann, so wirken die Wimpern länger.

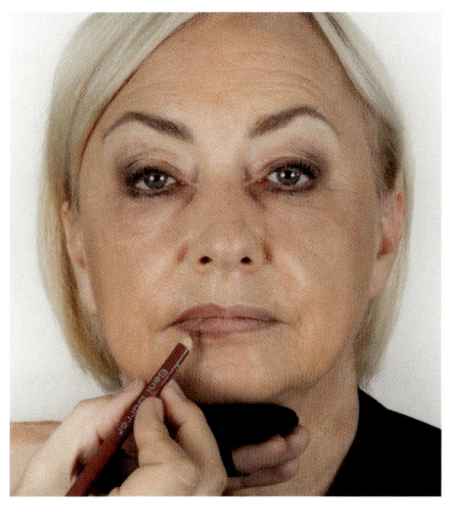

7. Lippenkontur

Die Lippenkontur muss oftmals etwas korrigiert werden, dazu eignet sich ein rosenholzfarbener Konturenstift sehr gut. Die Lippen umranden und nach innen schattieren. Eventuell müssen beim Zeichnen die Lippen etwas gezogen werden, der Stift sollte dabei nicht zu hart sein.

8. Lippenfarbe

Füllen Sie die Lippen in einem kräftigen, matten Beerenton und einem Lippenpinsel aus. Lippenlack oder Gloss läuft in die Lippenfältchen und sollte deshalb vermieden werden; außer Sie tupfen ihn vorsichtig nur in die Mitte der Lippen.

9. Wangen

Ein zum Lippenstift passendes mattes Rouge kreisrund mit einem Rougepinsel vom höchsten Punkt der Wangen ausgehend applizieren. Auch hier empfehle ich für das Rouge keine Glanzfarben, denn Fältchen würden dadurch noch stärker betont werden.

Ein natürliches, leichtes Tages-Make-up
für ein gepflegtes Erscheinungsbild.

„Hiltrud", Tages-Version

Augenbrauen:

Schlamm

Augen:

Erde

Champagner

Wimperntusche schwarz

Lippen:

Konturenstift Nr. 7

Carmen

Wangen:

Sorbet

Beni Durrer Produkte für „Hiltrud", Tages-Version:

Grundierung:	HDTV-Make-up Nr. 230
	Pinsel Nr. 42
Augen:	Lidschatten „Schlamm", „Erde", „Champagner"
	Wimperntusche schwarz
	Pinsel Nr. 7, 9, 15, 43, 66
Lippen:	Konturenstift Nr. 7
	Lippenfarbe „Carmen"
	Pinsel Nr. 22
Wangen:	Lidschatten „Sorbet"
	Pinsel Nr. 3

Abend-Version:

Um abends auszugehen, braucht es etwas mehr Farbe, da schumm-
riges Licht viel Farbe schluckt. Zumindest die Konturen dürfen deutlich stärker sein. Hier habe ich einfach auf dem bestehenden Make-
up aufgebaut.

10. Augenkontur

Zeichnen Sie mit dem Augenkonturenpinsel die Augenkontur mit der dunklen grau-blauen Lidschattenfarbe nach, verstärken und verblenden Sie die Kontur.

11. Schattierung

Je dunkler der äußere Augenwinkel in der Lidfalte eingedunkelt wird, umso dramatischer wirkt das Make-up. Mit der gleichen Farbe die Ecke verstärken. Damit die Farbe trotz starker Farbintensität nicht fleckig wird, verwenden Sie hierfür einen kleinen Augenschattierpinsel aus weichem Eichhörnchenhaar.

12. Highlight

Als Highlight applizieren Sie einen kühlen, blassen Rosaton mit einem großen Augenschattierpinsel aus weichem Eichhörnchenhaar und verblenden Sie die Farbe.

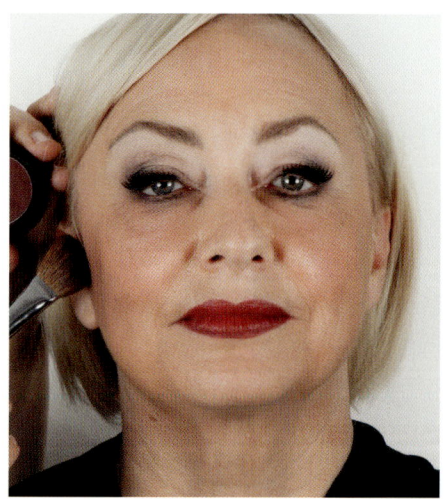

13. Wimpernperücke

Kleben Sie eine Wimpernperücke auf den eigenen Wimpernkranz auf und achten Sie darauf, dass die künstlichen Wimpern bündig auf den eigenen Wimpern aufliegen, ohne dass dabei eine Lücke zwischen den eigenen und den künstlichen Wimpern entsteht.

14. Lippen

Die Lippenkontur mit einem Konturenstift in einem kühlen Burgund nachzeichnen und die Lippen nach innen ausfüllen. Mit dem Lippenpinsel einen kühlen Rotton exakt auf die Lippen auftragen.

15. Konturierung

Um dem Gesicht etwas Fülle zu nehmen, die Wangenknochen einschattieren – ein Trick, den Marlene Dietrich immer angewendet hat. Mit einem kräftigen Braun-Violett-Ton und einem abgeschrägten Konturenpinsel unterhalb des Wangenknochens aus der Ohrmuschel heraus einschattieren und weich verlaufen lassen.

„Hiltrud", Abend-Version

Augen:

█ Egoist

▢ Zuckerwatte

Lippen:

█ Konturenstift Nr. 12

█ Anja

Wangen:

█ Kakao

Zusätzliche Produkte „Hiltrud", Abend-Version:

Augen:	Lidschatten „Egoist", „Zuckerwatte"
	Wimpernperücke „Heidi"
	Pinsel Nr. 9, 14, 15
Lippen:	Konturenstift Nr. 12
	Lippenfarbe „Anja"
	Pinsel Nr. 22
Wangen:	Lidschatten „Kakao"
	Pinsel Nr. 4

Wasserfest

„Dana" – Plitsch, Platsch, Wasserfest

Ob Strand oder Schwimmbad, wenn Sie mit Wasser in Berührung kommen und trotzdem gut aussehen möchten, muss das Make-up wasserfest sein. Lustig sind vor allem die Blicke der Leute, die hoffen, dass sich das Make-up über das ganze Gesicht verteilt, wenn man aus dem Wasser steigt – aber der Look sieht immer noch top aus!

Es gibt übrigens auch viele Leute, die schwere Hautprobleme haben und ohne Make-up nicht aus dem Haus gehen möchten – auch die können dank dem wasserfesten Make-up Schwimmen gehen.

Unser Model Dana, meine Salonleiterin, hat das Shooting sofort zugesagt, ohne allerdings zu wissen, was auf sie zukommt – es war nämlich Winter. Die Redaktion, für die ich das Shooting gemacht habe, wollte ein wasserfestes Make-up für eine ihrer Frühjahrs-Ausgaben haben, doch wir mussten das Shooting bereits im Januar produzieren. In einem Spa haben wir dann die Aufnahmen im Pool und unter der Dusche gemacht. Die Außenaufnahmen aber, auf denen Dana sich auf einem Handtuch sonnt, mussten wir draußen machen! Ich habe mich also dick eingepackt auf das Tuch gelegt, damit der Fotograf das Licht aufbauen und einstellen konnte. Dann kam Dana aus der Wärme in die Kälte, ließ den Morgenmantel fallen und legte sich hin. Die Fotos wurden innerhalb weniger Minuten gemacht und Dana durfte wieder ins Warme und niemand sieht auf den Fotos, dass es nur wenige Grad über null waren.

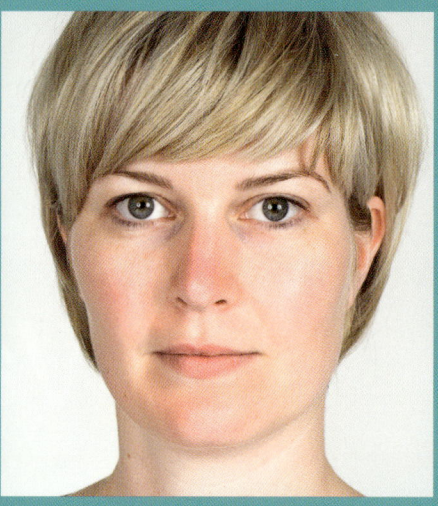

Danas Hautbild ist etwas unruhig und sie hat Augenschatten. Sie liebt Make-up und geht deshalb auch nicht ohne Make-up ins Wasser.

Bildhinweis:

Make-up: Beni Durrer
Haare: Dana Langerwisch
Model: Dana Langerwisch
Fotos: Christian Leschke, www.hasenbox.de

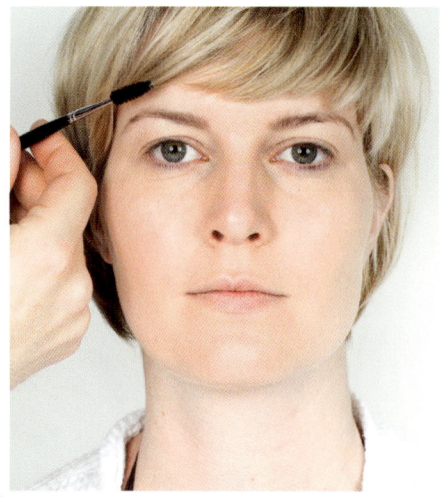

1. Grundierung

Applizieren Sie eine cremige, camouflageähnliche Grundierung dünn von der Gesichtsmitte zum -rand hin auslaufend. Durch das Fixieren mit Puder (Achtung, es eignet sich nicht jeder Puder!) wird das Make-up besonders wasserfest und hält auch bei stark schwitzender und sehr öliger Haut.

2. Augenbrauen

Die Augenbrauen nur mit einer Augenbrauenbürste in Form bürsten. Extrem blonde Brauen können auch gefärbt werden. Allerdings sollte die Farbe hierfür nicht zu dunkel sein, da die Augenbrauen sonst zu schwer und dominant wirken und von den Augen ablenken.

3. Augenkontur

Mit einem dunkelgrünen Augenkonturenstift das Auge umranden und auch das Augeninnenlid mit einfärben. Das ist ein zusätzlicher Schutz gegen zu starkes Blenden der Sonne. Diesen Trick haben schon die alten Ägypter angewandt.

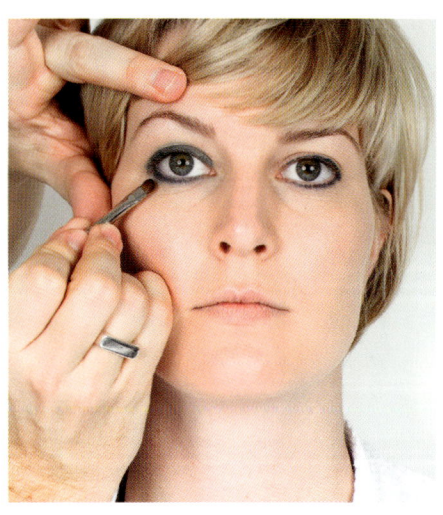

4. Verblenden

Verblenden Sie die Konturen sanft mit einem kleinen Einblendpinsel, damit die Linien nicht zu hart wirken.

5. Lidschatten, oben

Lippenfarben eignen sich aufgrund ihrer fettigen Textur auch als wasserfeste Cremelidschatten. Hier appliziere ich rund um das Auge und über die Lidfalte hinaus mit einem Kunsthaarpinsel einen metallisch glänzenden Türkiston, so dass man bei geöffnetem Auge noch etwas von der Farbe sieht.

6. Lidschatten, unten

Den Türkiston mit dem gleichen Pinsel auch unterhalb des Auges auftragen und weich ausblenden.

7. Wimpern

Die Wimperntusche für dieses Make-up muss natürlich wasserfest sein. Ansonsten verwende ich keine wasserfeste Tusche, da diese oft viel schwieriger abzuschminken ist und deshalb aggressivere Augen-Make-up-Entferner verwendet werden müssen, die die empfindliche Augenpartie auf Dauer reizen können.

8. Lippen

Die Lippen mit einem frischen, kühlen Rotton und einem Lippenpinsel einfärben. Lippenlack darüber geben und fertig sind zum Anbeißen leckere Lippen.

9. Rouge

Lippenfarben können Sie auch als Cremerouge verwenden. Hier trage ich die Farbe mit einem Spezialpinsel auf, mit dem normalerweise HDTV-Make-up aufgetragen wird. Cremerouge auf dem höchsten Punkt der Wangen kreisrund applizieren!

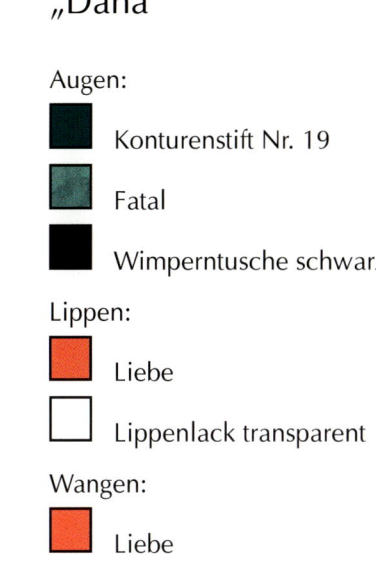

„Dana"

Augen:

Konturenstift Nr. 19

Fatal

Wimperntusche schwarz

Lippen:

Liebe

Lippenlack transparent

Wangen:

Liebe

Beni Durrer Produkte für „Dana":

Grundierung:	Studio-Make-up Nr. 3
	Puder Nr. 2
	Pinsel Nr. 1, 30
Augen:	Konturenstift Nr. 19
	Lippenfarbe „Fatal"
	Wimperntusche schwarz, wasserfest
	Pinsel Nr. 7, 37, 64
Lippen:	Lippenfarbe „Liebe"
	Lippenlack transparent
	Pinsel Nr. 20
Wangen:	Lippenfarbe „Liebe"
	Pinsel Nr. 44

„Anteamara" – Glamourös und sinnlich auch im Wasser

Die Damen vom Wasserballett im Friedrichstadtpalast und Schauspieler, die Szenen im oder am Wasser drehen, kennen das nur allzu gut – das Make-up muss wasserfest und extrem haltbar sein. Für dieses Make-up habe ich mit Reflexcremes gearbeitet. Allerdings sollten Sie das vorher mit dem Fotografen klären, denn bei Reflexcremes muss das Licht unbedingt richtig eingestellt werden, damit auf dem Foto keine weißen Stellen erscheinen, dort wo der Glanz das Blitzlicht reflektiert.

Der Name „Anteamara" setzt sich aus dem Vornamen des Models ANTEA und der verwendeten Glanzcreme mit dem Namen „Masai-MARA" zusammen: Anteamara.

Antea von der Modelagentur Talents war bisher auf über 70 Titelseiten von Magazinen zu sehen. Deshalb habe ich mich umso mehr gefreut, dass ich sie für das Shooting gewinnen konnte. Hätte sie allerdings vorher gewusst, was auf sie zukommt, hätte sie es sich vielleicht noch einmal anders überlegt. Für die Aufnahmen lag Antea stundenlang in einem Wasserbecken und auch von oben kam noch eine Duschbrause zum Einsatz – eine ziemlich feuchte und kalte Angelegenheit. Übrigens haben auch der Visagist und der Fotograf Wasser abbekommen!

Zuerst werden die Augenbrauen in Form gestylt. Als professionelles Model hat Antea schon top Augenbrauen und weiß auch, dass sie ihre Haut immer pflegen muss.

Bildhinweis:

Make-up:	Beni Durrer
Haare:	Katharina Geske
Model:	Antea von der Agentur Talents, www.talents-models.com
Fotos:	Fabian Maerz, www.fabianmaerz.de

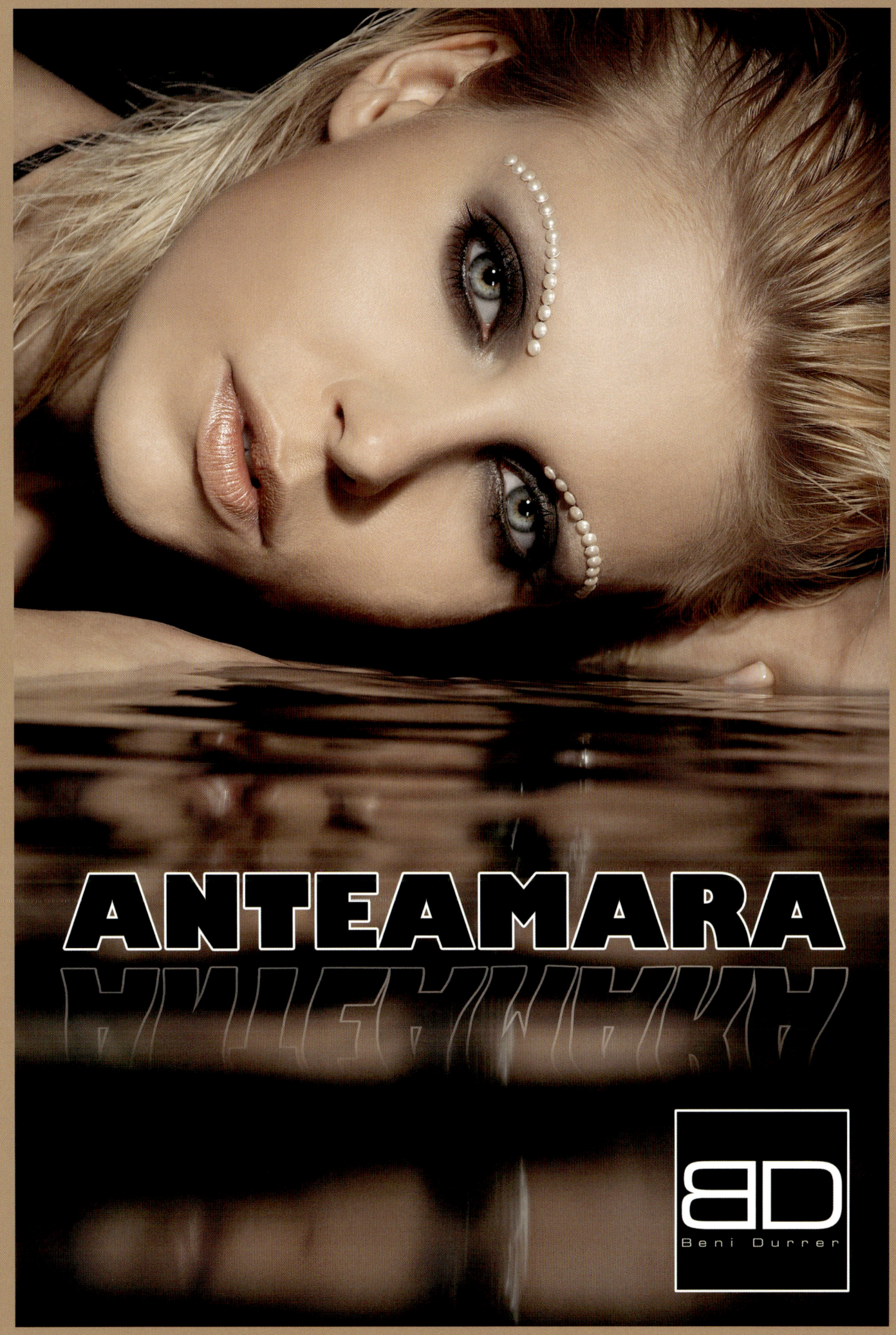

ANTEAMARA

BD
Beni Durrer

1. Grundierung

Tragen Sie stark deckendes, wasserfestes Make-up mit einem Grundierungspinsel auf. Sie können natürlich auch ein Schwämmchen verwenden, dies saugt aber im Vergleich zum sparsameren Pinsel sehr viel Make-up auf. Wichtig ist, dass der Farbton des Make-ups exakt dem Hautton entspricht. Über das Make-up eine hautfarbenschimmernde Creme, die man auch ohne Make-up verwenden kann, entweder partienweise oder auf das ganze Gesicht auftragen.

2. Augenkontur

Wasserlösliche Puderlidschatten wären hier fehl am Platz. Mit einem schwarzen Konturenstift die Augen einrahmen. Am unteren Lidrand den Rahmen etwas verbreitern und das bewegliche Lid komplett mit dem Stift ausfüllen. Mit einem Weichzeichner die Farbe nachträglich einarbeiten und weich zeichnen. Zum Rand hin soll die Farbe leicht auslaufen und heller werden.

3. Augen-Make-up

Eine weißlich-schimmernde Creme wird mit einem Flachpinsel aus Kunsthaar oder der Fingerkuppe als Highlight unter die Augenbrauen gesetzt und weich eingeblendet. Danach eine dunkel-schimmernde Creme mithilfe eines Grundierungspinsels auf das bewegliche Lid auftragen und leicht ausblenden. Arbeiten Sie diese Farbe auch am unteren Lidrand leicht ein. Entlang der Ränder der dunklen Farbe mit einer hautfarbenschimmernden Creme die Übergänge verfeinern. Auch hier mit einem Kunsthaarpinsel oder den Fingerkuppen arbeiten. So kreieren Sie eine Art wasserfeste Smokey-Eyes; diese Technik erfordert allerdings etwas Übung. Mit Pinsel und Lidschattenpuder würde das natürlich viel einfacher gehen!

4. Brauen und Wimpern

Die Wimpern mit wasserfester schwarzer Wimperntusche einfärben. Die sehr dünnen und akkurat gezupften Augenbrauen brachten mich auf eine besondere Idee: Die Brauenlinie beklebe ich für diesen Look mit Perlen. Tauchen Sie die Perlen mithilfe einer Pinzette in Wimpernkleber und platzieren Sie diese anschließend.

5. Lippen

Bei Anteas wunderschönen Lippen habe ich auf einen Konturenstift verzichtet. Eine helle, irisierende Farbe mit dem Lippenpinsel auf die Lippen auftragen. Darüber wiederum mit dem Lippenpinsel transparenten Lippenlack applizieren. Die Lippen wirken nun sehr natürlich und edel.

6. Rouge

Auch hier kommt eine Glanzcreme als Cremerouge zum Einsatz: Tragen Sie eine rötlich-braun-schimmernde Creme mit den Fingern oder einem Spezialpinsel auf die Wangen auf.

„Anteamara"

Augenbrauen:

Perlen

Augen:

Konturenstift Nr. 22

Reflexcreme Gletscher

Reflexcreme Danakil

Reflexcreme Sahara

Wimperntusche schwarz

Lippen:

Sanssouci

Lippenlack transparent

Wangen:

Reflexcreme Masai-Mara

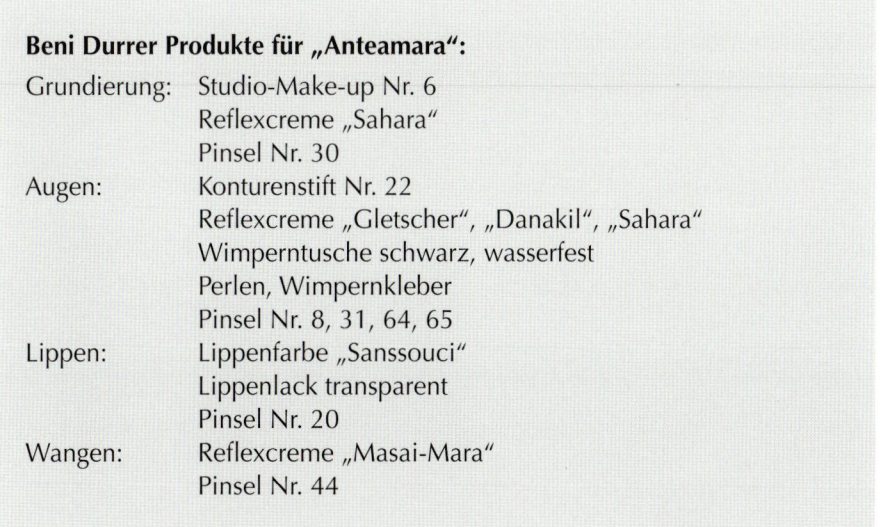

Beni Durrer Produkte für „Anteamara":

Grundierung: Studio-Make-up Nr. 6
Reflexcreme „Sahara"
Pinsel Nr. 30

Augen: Konturenstift Nr. 22
Reflexcreme „Gletscher", „Danakil", „Sahara"
Wimperntusche schwarz, wasserfest
Perlen, Wimpernkleber
Pinsel Nr. 8, 31, 64, 65

Lippen: Lippenfarbe „Sanssouci"
Lippenlack transparent
Pinsel Nr. 20

Wangen: Reflexcreme „Masai-Mara"
Pinsel Nr. 44

„Antea" – Das Make-up für die Pool-Party

Sie sind auf einer Pool-Party eingeladen und möchten auch nach dem Sprung ins kühle Nass strahlend schön und perfekt geschminkt sein? Dann brauchen Sie unbedingt dieses wasserfeste Make-up!

Als Visagist muss man nicht nur kreativ, sondern oft auch spontan und flexibel sein. Eine Stunde, bevor ich mit der Produktion für den Look „Anteamara" begonnen hatte, bekam ich auch noch von einer anderen Redaktion den Auftrag, ein wasserfestes Make-up zu shooten. Da ein Wasser-Shooting sehr aufwändig ist, haben wir uns damals entschieden, unser Model Antea gleich zweimal zu schminken. Für diese Variante habe ich das Make-up komplett neu kreiert. Nur das Wasser wurde nicht wärmer – Antea hat aber durchgehalten und trotz kaltem Wasser fleißig gelacht, ein echter Profi!

Bildhinweis:

Make-up: Beni Durrer
Haare: Katharina Geske
Model: Antea von der Agentur Talents, www.talents-models.com
Fotos: Fabian Maerz, www.fabianmaerz.de

1. Grundierung

Tragen Sie ein stark deckendes, wasserfestes Make-up mit einem Grundierungspinsel auf. Man kann natürlich auch ein Schwämmchen nehmen, dies saugt aber sehr viel Make-up auf. Der Pinsel ist definitiv sparsamer.

4. Glimmer

Tragen Sie zunächst etwas Fixator mit einem Kunsthaarpinsel auf das bewegliche Lid auf und geben Sie darauf Glimmerpartikel in einem Perlmuttton. Den Glimmer entweder mit der Fingerkuppe oder dem Kunsthaarpinsel vorsichtig applizieren. Der Effekt ist klasse.

2. Augen-Make-up

Da Puderlidschatten wasserlöslich sind, wird das Augen-Makeup hier mit bunten Konturenstiften kreiert. Mit einem hellen, cremefarbenen Konturenstift unter den Augenbrauen ein paar Striche setzen, diese dann mit der Fingerkuppe einarbeiten und verwischen. Mit einem dunkelgrünen Konturenstift die Augen einrahmen. Am unteren Lidrand den Rahmen etwas verbreitern und das bewegliche Lid komplett mit dem dunkelgrünen Stift ausfüllen. Arbeiten Sie mit einem Weichzeichner die Farbe nachträglich ein und zeichnen Sie diese weich. Um das Auge herum soll die Farbe leicht auslaufen und heller werden. Zeichnen Sie rund um das Auge mit einem hellgrünen Konturenstift am äußeren Rand des dunklen Grüntons kleine ca. 1 cm lange Striche, die nach außen gehen. Diese dann auch wieder mit einem Weichzeichner oder den Fingern verblenden. Anteas grüne Augen wirken durch die Farbe optisch größer und werden wunderbar betont.

3. Brauen und Wimpern

Die Augenbrauen ausnahmsweise auch mit einem wasserfesten Konturenstift in einem kalttonigen Braunton nachzeichnen. Die Wimperntusche muss für dieses Make-up natürlich ebenfalls wasserfest sein. Ansonsten empfehle ich nur normale Wimperntuschen, die einfacher zu entfernen sind. Wasserfeste Wimperntuschen sind hartnäckiger zu entfernen und verlangen einen speziellen Augen-Make-up-Entferner, der meist ölhaltiger ist und oft einen unangenehmen Fettfilm auf den Augen hinterlässt.

5. Lippen

Lippenfarbe in einem kräftigen Korallrot mit dem Lippenpinsel nur dezent auf die Lippen auftragen und darüber mit dem gleichen Pinsel transparenten Lippenlack geben.

6. Rouge

Puderrouge kommt für ein wasserfestes Make-up nicht in Frage. Lippenfarben mit ihrer fettigen Konsistenz eignen sich aber gut als Cremerouge. Das kräftige Korallrot mit den Fingern oder einem Spezialpinsel auf dem höchsten Punkt der Wangen auftragen und weich einarbeiten.

Ab ins kühle Nass....!

„Antea"

Augenbrauen:

Konturenstift Nr. 3

Augen:

Konturenstift Nr. 1

Konturenstift Nr. 19

Konturenstift Nr. 18

Glimmer Oper

Wimperntusche schwarz

Lippen:

Rushhour

Lippenlack transparent

Wangen:

Rushhour

Beni Durrer Produkte für „Antea":

Grundierung: Studio-Make-up Nr. 6
              Pinsel Nr. 30
Augen: Konturenstift Nr. 1, 3, 18, 19
              Glimmer „Oper", Fixator
              Wimperntusche schwarz, wasserfest
              Pinsel Nr. 8, 65
Lippen: Lippenfarbe „Rushhour"
              Lippenlack transparent
              Pinsel Nr. 20
Wangen: Lippenfarbe „Rushhour"
              Pinsel Nr. 44

„Abgetaucht" – Unterwasser-Shootings

Unterwasserszenen, wie sie in den ersten Staffeln von „Germany´s Next Top Model" gezeigt wurden, wollte mein Fotograf unbedingt in einem Schwimmbad nachstellen. So ein Shooting ist für das Model wirklich Schwerstarbeit, denn das Chlorwasser reizt die Augen und man muss ständig gegen die Kraft ankämpfen, an die Wasseroberfläche getrieben zu werden. Nur gut, dass wir das Make-up an Land und nicht unter Wasser machen durften!

Bildhinweis:

Make-up: Beni Durrer und Michèle Waldmeier
Haare: Michèle Waldmeier
Model: Thalia und Freundin von der Agentur Talents, www.talents-models.com
Fotos: Fabian Maerz, www.fabianmaerz.de

Black-Skin

Vorurteile

Make-up für „Dunkle Haut"

Ich habe schon selbst erlebt, dass sich farbige Frauen von mir nicht schminken lassen wollten, weil ich weiß bin – bis ich dann von Imane Ayissi aus Paris erzählte. Imane Ayissi ist ein in Frankreich sehr angesagter Designer und Tänzer sowie Model und ich habe für eine seiner Modenschauen die Make-ups kreiert. Die Modelle waren, bis auf ein weißes Zwillingspärchen, alle dunkelhäutig. Als ich bei der Modenschau eintraf, drehten mir alle demonstrativ den Rücken zu. Als ich dann aber meine dunklen Make-ups auspackte, wurden sie schon etwas neugieriger. Ich habe mir dann einfach ein Model geschnappt und sie ihrer Hautfarbe entsprechend perfekt geschminkt. Dann wollten sich auch die anderen von mir schminken lassen. Die Vorurteile der Models basierten wahrscheinlich aus der Erfahrung mit Visagisten, die sich nicht mit dunkler Haut beschäftigen. Deshalb ist es mir umso wichtiger, dass meine Schülerinnen und Schüler alle Hauttypen von hell bis dunkel perfekt schminken lernen.

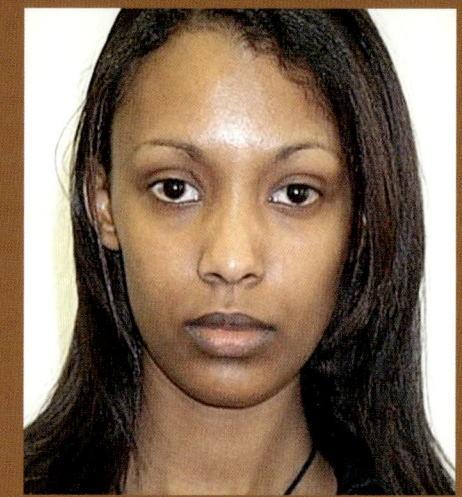

Die Haare von dunkelhäutigen Frauen sind oft sehr störrisch, sie sind trocken und manchmal durch die starke Krause auch verfilzt. Ich hatte das Vergnügen Shimada kennenzulernen, einen fantastischen Friseur, der damit wunderbar umgehen konnte. Stundenlang hat er die Haare bearbeitet, gewaschen und gepflegt – manchmal waren die Kundinnen bis zu fünf Stunden bei uns im Salon. Er kümmerte sich mit Leidenschaft um die Haare der verzweifelten Frauen, die nachher begeistert mit den Worten „Sie lassen mich wie ein Prinzessin aussehen", den Salon verließen. Worauf er sich mit einem Handkuss und den Worten „Sie sind eine Prinzessin" verabschiedete. Leider arbeitete Shimada nur ein paar Monate bei mir im Salon, um dann zu seiner großen Liebe nach Spanien zu ziehen.

Bildhinweis:

Make-up: Beni Durrer
Haare: Shimada Kemp, www.shimadakemp.com
Model: Axumawit und Freundin
Fotos: Carsten Tschach, www.bilderbuch.net

Make-up:

Für dieses Make-up trage ich eine stark deckende Grundierung mithilfe eines Grundierungspinsels auf und arbeite diese gut ein. Die Augenschatten kaschiere ich mit einer helleren Farbe mithilfe eines kleinen Grundierungspinsels. Um das Gesicht mit natürlich wirkenden Reflexen zum Strahlen zu bringen, appliziere ich auf hervortretenden Partien wie Stirn, Wangen und Kinn einen Glanzlidschatten mit einem kleinen Puderpinsel. Die Augenkontur wird mit einem schwarzen Konturenstift umrandet und mit einem Weichzeichner verblendet. Die Augenbrauen werden mit der Augenbrauenbürste nach unten gebürstet, so zeigt sich der natürliche Verlauf der Brauen. Ich zeichne sie mit einer dunkelbraunen Lidschattenfarbe

und einem Augenkonturenpinsel nach und bürste sie anschließend wieder nach oben. Die Augenlider färbe ich mit einer irisierenden, losen Pigmentlidschattenfarbe ein. Damit die Farbe auf dem beweglichen Lid sehr plakativ und intensiv wird, wähle ich für den Auftrag einen Lidschattenapplikator, auf dem das Puderprodukt besser haftet als an einem Pinsel. Ich appliziere die Farbe am Wimpernansatz sehr dicht, nach oben und zu den Seiten hin transparenter auslaufend. Um dem Blick Tiefe zu verleihen, zeichne ich die Lidfalte mit einem schmalen Lidfaltenpinsel und einer schwarzen Lidschattenfarbe nach. Darüber gebe ich auslaufend nach oben und außen mit einem breiteren, aber weichen, kleinen Augen-

schattierpinsel einen mittleren Braunton. Die Wimpern tusche ich schwarz und verdichte bzw. verlängere sie etwas mit kleinen Wimpernbüscheln. Die Lippen werden mit einem braunen Konturenstift exakt nachgezeichnet und ausgefüllt. Sind die Lippen sehr groß, können sie zunächst mit Grundierung abgedeckt und anschließend mit einem Lippenkonturenstift nach innen korrigiert werden. Mit einem Lippenpinsel werden die Lippen mit einer bräunlichen Nuance ausgefüllt. Dabei spare ich die Mitte der Lippe aus und betone diese mit einer helleren, irisierenden Farbe. Beide Farbtöne werden weich ineinander verblendet. Hier verzichte ich auf Lippenlack, denn er würde die Lippen wieder vergrößern!

„Dunkle Haut"

Augenbrauen:

Kaffeebohne

Augen:

Konturenstift Ebenholz

Sternenstaub Jupiter

Lakritze

Schokolade

Wimperntusche schwarz

Lippen:

Konturenstift Nr. 4

Prinzknecht

Sanssouci

Beni Durrer Produkte für „Dunkle Haut":

Grundierung:	Studio-Make-up Nr. 14, 20
	Lidschatten „Haute Couture"
	Pinsel Nr. 5, 30, 31
Augen:	Lidschatten „Kaffeebohne", „Lakritze", „Schokolade"
	Konturenstift „Ebenholz"
	Wimperntusche schwarz
	Einzelwimpern gemischt
	Sternenstaub „Jupiter"
	Pinsel Nr. 7, 8, 9, 11, 12, 13, 14
Lippen:	Konturenstift Nr. 4
	Lippenfarben „Prinzknecht", „Sanssouci"
	Pinsel Nr. 20

„Black and White" – Das Spiel mit den Kontrasten

Cheikh kommt aus dem Senegal und ist erst seit kurzem hier in Berlin, hat aber schon einige Modeljobs bekommen. Auf den nächsten Seiten zeige ich Ihnen drei verschiedene Make-ups, die ich alle an einem Tag und mit denselben beiden Modellen erstellt habe.

Bildhinweis:

Make-up:	Beni Durrer
Haare:	Philipp J. Frey
Model:	Cheikh Cisse und Kelly Boachie
Fotos:	Thomas Boss, www.thomas-boss.de
Assistenz:	Ilja Keller
Kleider:	Sebastian Ellrich, www.sebastianellrich.com
Hüte:	Sneshina Petrov, www.mein-sahnehaeubchen.de

„African Queen" – Gold im Mittelpunkt

Goldtöne oder allgemein Glanztöne wirken auf dunkler Haut unglaublich schön. Heller Haut kann man durch bestimmte Farbnuancen Tiefe verleihen bzw. die Haut eindunkeln. Bei ohnehin dunkler Haut hat man oft nicht die Möglichkeit, mit noch dunkleren Nuancen als der eigenen Hautfarbe zu konturieren (z.B. bei Schwarzafrikanern mit manchmal fast blauschwarzer Haut). Sie können einem dunklen Gesicht aber Höhe und Tiefe verleihen, indem Sie es an den richtigen Partien aufhellen.

Da viele dunkelhäutige Menschen eine pralle, fast faltenfreie Haut haben, arbeite ich für diese Make-ups gern, aber nicht ausschließlich, mit Glanzfarben.

Unser Model für diesen Look ist Kelly. Ihre Vorfahren kommen ursprünglich aus Ghana, sie selbst lebt aber schon seit ihrer Geburt in Berlin. Mit ihrer Körpergröße und Figur kann sie nicht modeln, da im Modelbusiness leider immer noch Standardgrößen und -maße ausschlaggebend sind. Für Fotoshootings ist sie aber – wie auf den Bildern zu sehen ist – mit ihrem hübschen Gesicht und dem umwerfenden Lächeln einfach bezaubernd.

Bildhinweis:

Make-up: Beni Durrer
Haare: Philipp J. Frey
Model: Cheikh Cisse und Kelly Boachie
Fotos: Thomas Boss, www.thomas-boss.de
Assistenz: Ilja Keller
Kleider: Sebastian Ellrich, www.sebastianellrich.com

„Colour Explosion" – Im Discofieber

Bei diesem Make-up sehen Sie, dass kräftige Farben auf dunkler Haut sehr gut zur Geltung kommen. Je nachdem, welchen Effekt Sie erzielen möchten, gilt hier: „Je knalliger, umso schöner." Die verwendeten Farben müssen allerdings sehr stark pigmentiert sein, um auch auf dunkler Haut gut decken und wirken zu können.

Spannend zu sehen ist, dass das weibliche Model, mit den braunen Haaren ein eindeutig warmer Typ, jetzt durch Kleidung, schwarze Perücke und Make-up ein kalter Typ geworden ist.

Bildhinweis:

Make-up: Beni Durrer
Haare: Philipp J. Frey
Model: Cheikh Cisse und Kelly Boachie
Fotos: Thomas Boss, www.thomas-boss.de
Assistenz: Ilja Keller
Kleider: Sebastian Ellrich, www.sebastianellrich.com
Hüte: Sneshina Petrov, www.mein-sahnehaeubchen.de

Künstler

„Cora Frost" – Die Arbeit mit Künstlern und Prominenten

Meinen Erfahrungsschatz rund um die Arbeit mit Künstlern und Promis packe ich in eines meiner nächsten Bücher. Da Visagisten und
Make-up-Artists aber immer wieder für und mit Künstlern zusammenarbeiten, möchte ich die Zusammenarbeit mit Ihnen kurz an-
sprechen.

Oftmals haben Schauspielerinnen, Models, etc. eine exakte Vorstel-
lung, wie der Look und das Make-up aussehen sollte. Als Visagist
steht man dann vor der schwierigen Aufgabe, die Wünsche genau
nach deren Vorstellungen umsetzen zu müssen. Hier ist besonders
viel Fingerspitzengefühl und Verständnis gefragt. Ich kenne Visagisten, die sind heulend aus der Garderobe eines Künstlers gerannt,
und genau so viele, die haben den Künstlern den Pinsel einfach mit
den Worten in die Hand gedrückt, sie sollten es doch einfach selber
machen, schließlich würden sie ja alles besser wissen. Ich denke,
die Lösung liegt irgendwo dazwischen. Natürlich kann und darf ein
Künstler erklären, wie das Make-up aussehen soll, aber er sollte uns
Visagisten auch die Chance geben, es umsetzen zu können. Wichtig
ist es, im Vorfeld ein Probe-Make-up zu erstellen und alles schriftlich fest zu halten, damit es bei der nervösen Premiere seitens der
Künstler keine Panikattacken gibt. Es gibt Künstler, die würde ich für
kein Geld der Welt mehr schminken wollen, aber es gibt auch andere…

Die Sängerin und Schauspielerin Cora Frost und ihre Band wurden
von mir für ihr Programm „Best of Rest of Cora Frost" für Plakate,
Flyer etc. geschminkt. Cora hat tolle Augen und ich freute mich sehr
über die Zusammenarbeit mit ihr. Nicht schlecht gestaunt habe ich
dann, als ich das Plakat auf einer kompletten Hauswand am S-Bahn-
hof Friedrichstraße von der S-Bahn aus sah!

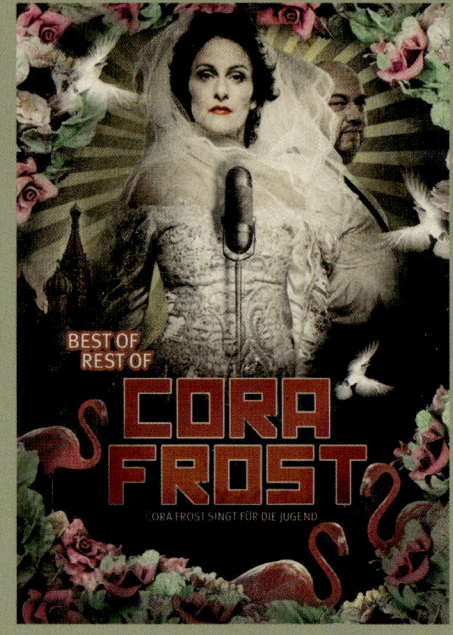

Bildhinweis:

Make-up: Beni Durrer
Haare: Volker Wolf-Strahm
Model: Cora Frost mit Band
Fotos: Benno Kraehahn, www.kraehahn.com
Postkarten: craubner + hartmann gmbh, Yvonne Winkler

„Sylvia" – Im Stil der 20er Jahre, mein ganz persönlicher Star

Auf den folgenden Seiten zeige ich Ihnen einen wunderschönen Look an meiner Freundin Sylvia Wintergrün. Sylvia ist nicht nur eine der besten Schauspielerinnen, die ich kenne, sondern auch eine Person, die mein Leben stark geprägt hat.

Als ich 1996 nach Berlin kam, nahm mich ein Freund öfters mit ins „Theater des Westens". Damals lernte ich den großartigen Helmut Baumann kennen, der das Haus viele Jahre erfolgreich führte und auch selbst auf der Bühne stand. Er bot mir einen Ausbildungsplatz als Maskenbildner an, den ich schweren Herzens ablehnte. Ausschlaggebend für diese Entscheidung war für mich der geringe Verdienst in den Lehrjahren – heute bereue ich diese Entscheidung aber. Ich war fasziniert und begeistert von der Theaterluft, von den Produktionen, den traumhaften Kostümen, Perücken, Make-ups; und begann, nach und nach auch die Schauspieler des Hauses kennen zu lernen. Eine dieser tollen Schauspielerinnen war Sylvia Wintergrün. Sie spielte verlassene Ehefrauen, Sekretärinnen, leichte Mädchen von der Straße. Ich liebte ihre schnoddrige, witzige, starke Persönlichkeit und die Gabe, mich zum Lachen zu bringen. Doch der Höhepunkt war für mich, sie in der Rolle der Eliza Doolittle in „My Fair Lady" zu erleben! Nach der Premiere stellte mich ihr damaliger Manager mit den Worten vor: „Sylvia, hier ist ein großer Fan von Dir". Sie drehte sich mit einem breiten Grinsen und den Worten „Hach, endlich habe ich einen Fan" zu mir um und umarmte mich.

Leider wurde dieses wunderbare Theater aufgrund von Sparmaßnahmen Jahre später geschlossen. Zu dieser Zeit erhielt Sylvia ein Engagement im „Wintergarten-Varieté". Ich war zum gleichen Zeitpunkt als Trainer-Visagist bei YSL angestellt. Die Firma sponserte Sylvia und ich durfte sie einige Wochen lang jeden Abend für ihren Auftritt schminken. Eines Abends erzählte ich ihr, wie mühsam es manchmal ist, wochenlang nur unterwegs zu sein, in fremden Hotels und fremden Städten. Darauf erwiderte sie, ich solle doch einfach hier in Berlin bleiben und ein Kosmetikstudio eröffnen. Über diesen Kommentar mussten wir beide herzlich lachen und ich antwortete, dass ich mir nicht vorstellen könne, Pickel auszudrücken. Doch „sag niemals nie" – am Tag darauf meldete ich mich an einer Kosmetikschule für die Ausbildung zum Kosmetiker an. Sylvia trägt die „Schuld", dass ich diesen Weg gegangen bin, sie hat mich in die richtige Richtung geschubst. Dankeschön, liebe Sylvia!

Bildhinweis:

Make-up: Beni Durrer
Haare: Philipp J. Frey
Model: Sylvia Wintergrün
Fotos: Thomas Boss, www.thomas-boss.de
Hut: Sneshina Petrov, www.mein-sahnehaeubchen.de

Tages-Make-up:

Hier habe ich mich für ein sehr natürliches Make-up entschieden. Sylvias Haut ist sehr gut gepflegt, deshalb musste ich bei der Grundierung auch kaum etwas abdecken. Als Grundierung trage ich ein flüssiges, pflegendes Make-up auf, das die Haut gesund und natürlich wirken lässt. Passend zu ihrer Haarfarbe zeichne ich die Augenbrauen mit nussfarbenem Lidschatten nach. Die gleiche Farbe wähle ich für die Wimpernkranzverdichtung und eine leichte Einschattierung der Lidfalte.

Mit einem weich wirkenden, matten, warmen, rosé-beigefarbenen Lidschatten und mit einem hellen, kühlen rosé-cremefarbenen Ton lasse ich das Make-up bis unter die Augenbrauen auslaufen. Die Wimpern tusche ich kräftig in Schwarz und biege sie dabei nach oben, um die Augen optisch zusätzlich zu öffnen. Die Lippen zeichne ich mit einem natürlichen, der Lippenfarbe entsprechenden, Konturenstift nach und baue sie nach oben hin aus, um sie voller wirken zu lassen. Die hier verwendete Lippenfarbe ist etwas stärker als die eigene und verleiht den Lippen eine frische Ausstrahlung. Abschließend habe ich Rouge appliziert und das Gesicht nochmals abgepudert, um das Make-up zu fixieren.

Make-up 20er Jahre:

Danach wollte ich Sylvia in die 20er Jahre versetzen und schminkte ihr klassische Smokey-Eyes. Dafür verwende ich schwarzen, haselnussfarbenen und champagnerfarbenen Lidschatten. Die Farben appliziere ich einfach über das bereits bestehende Augen-Make-up. Die Augenbrauen habe ich deutlich über die Linie hinaus verstärkt und leicht abwärts geschminkt. Mit einem kräftigen Nougatton dunkle ich die Wangenknochen ein. Als Farbtupfer zeichne ich die Lippen mit einem roten Konturenstift nach und fülle sie mit einem intensiven, kühlen Rotton aus.

Natürlich hätte ich diesen Look auch an einem bedeutend jüngeren Model schminken können; aber ich bin der Meinung, dieses Make-up steht jeder Frau, jeden Alters. Ganz im Gegenteil finde ich ein länger jung gebliebenes Gesicht mit Charakterzügen unglaublich spannend und wunderschön. Das einzige, worauf Sie bei Fältchen achten müssen, ist mit matten Farben zu arbeiten und glänzende Töne zu vermeiden.

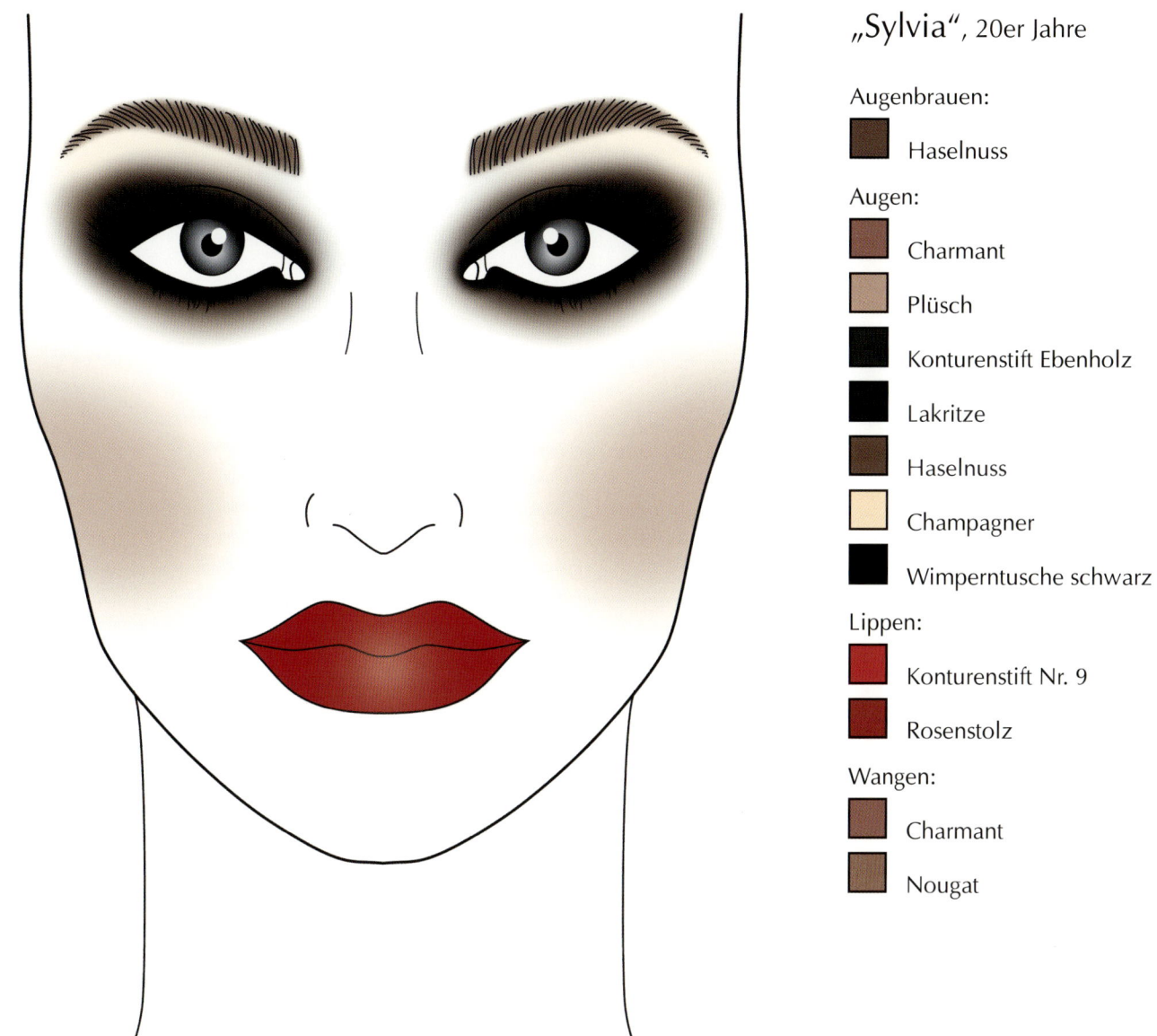

„Sylvia", 20er Jahre

Augenbrauen:
- Haselnuss

Augen:
- Charmant
- Plüsch
- Konturenstift Ebenholz
- Lakritze
- Haselnuss
- Champagner
- Wimperntusche schwarz

Lippen:
- Konturenstift Nr. 9
- Rosenstolz

Wangen:
- Charmant
- Nougat

Beni Durrer Produkte für „Sylvia", 20er Jahre:

Grundierung:	HDTV-Make-up Nr. 230
	Make-up² Nr. 14
	Pinsel Nr. 2, 31, 42
Augen:	Lidschatten „Haselnuss", „Charmant", „Plüsch", „Lakritze", „Champagner"
	Konturenstift „Ebenholz"
	Wimperntusche schwarz
	Einzelwimpern kurz, mittel, lang
	Pinsel Nr. 7, 9, 13, 14, 15, 35, 66
Lippen:	Konturenstift Nr. 9
	Lippenfarbe „Rosenstolz"
	Pinsel Nr. 22
Wangen:	Lidschatten „Nougat", „Charmant"
	Pinsel Nr. 3, 4

Body

Körper – Mit vollem Einsatz

Manchmal gibt es bei Fotoshootings oder Modenschauen wirklich komische Situationen. Plötzlich muss eine Brust geschminkt werden, weil sich dort störende Pickel, Narben oder Muttermale befinden. Für Make-up am Körper und cremige oder flüssige Grundierungen eignet sich am besten ein großer Grundierungspinsel. An Körperstellen, an denen Kleidung aufliegt, sollten Sie aufpassen, dass das Make-up nicht auf die Kleidung abfärbt. Leider lässt sich das nicht immer ganz verhindern, denn irgendwann färbt auch das am besten haltbare Make-up ab. Das Make-up mit Puder fixieren. Dafür mit einer großen Puderquaste den Fixierpuder auftupfen, einige Minuten warten und dann mit einem großen Puderpinsel den überschüssigen Puder entfernen. Sollen z.B. für Fotoaufnahmen Beine oder andere Körperteile glänzen, können Sie mit Bodylotion oder auch mit Körperöl arbeiten. Achten Sie aber auch hier auf die Kleidung! Eine weitere Alternative ist Airbrush-Make-up. Hat man die richtige Farbe gefunden, geht das Auftragen relativ schnell.

Über ein Shooting mit einem Promi und einem der bekanntesten und namhaftesten Fotografen habe ich mich ganz besonders gefreut. Herausgekommen sind damals wunderbare Fotos von einem toll geschminkten Körper. Die Bilder bekam ich leider nur in geringer Auflösung. Jetzt, ein paar Jahre später, findet der Fotograf die Bilder leider nicht mehr. Für mich eine bittere Erfahrung; schließlich wollte ich Ihnen die wunderbaren Fotos an dieser Stelle präsentieren. Achten auch Sie deshalb bei Shootings darauf, dass Ihnen der Fotograf die Bilder in hoher und möglichst druckfähiger Auflösung zur Verfügung stellt, damit Sie diese später optimal für sich nutzen können.

Bildhinweis:

Make-up: Beni Durrer
Model: Cora Frost mit Band (rechts)
Samira (links)
Fotos: Benno Kraehahn, www.kraehahn.com (rechts)
Markus Heisler, www.foddograf.com (links)

228

„Oskar" – Glänzender Auftritt

Unser „Oskar"-Shooting war wirklich klasse, vor allem weil alle unser Model Karsten schminken wollten. Das Shooting war Teil eines Beitrags, in dem es um „Ewige Jugend – Wenn Schönheit zur Sucht wird" ging, und wurde für einen großen, privaten Fernsehsender erstellt. In dieser Sendung war übrigens auch Gisela Muth zu sehen, die ich später auch persönlich kennengelernt und geschminkt habe; eine tolle Frau. Diese Sendung wurde so oft wiederholt, dass ich noch Jahre später Anrufe bekam.

Karsten Schellenberg ist Fitnesstrainer und wollte in der Sendung zeigen, wie die Oskar-Statue aussieht. Die Haltung ist sehr schwer nachzuahmen, da sie sehr unnatürlich ist und alle Muskeln angespannt sein müssen. Diese Pose lange vor der Kamera zu halten, ist unglaublich anstrengend.

Er zog sich also aus und ich fing an, das Gemisch aus Wasser und bronzenem Glanzpuder in großen Mengen zu mischen und mit einem Schwamm großzügig aufzutragen – alle waren neidisch auf mich. Als ich mich der Körpermitte näherte, riss mir dann seine Freundin den Schwamm aus der Hand und sagte: „Ich mache das!"

Bildhinweis:

Make-up: Beni Durrer
Model: Karsten Schellenberg, www.karstenschellenberg.de
Fotos: Fabian Maerz, www.fabianmaerz.de

Tier-Shooting

„Eiszeit" – Make-up und Tiere

Hunde lieben Make-up! Ein Bekannter hatte zwei Huskies mit wunderschönen Augen, die mich zu einem Foto-Shooting inspirierten. Die Idee war, ein Model zwischen zwei Huskies posieren zu lassen. Da die eine Hündin gerade läufig war und rote Tropfen hinterließ, musste ständig jemand mit einem Lappen hinter ihr herrennen. So fing das Shooting schon mal gut an. Als ich mit meinem Make-up fertig war, positionierten wir das Model am Boden, damit ihr Kopf zwischen die beiden Hunde passte. Leider waren die Hunde mehr an ihr und dem Make-up interessiert, als daran in die Kamera zu schauen. Auch der Versuch, die Blicke der Hunde durch Rufen auf die Kamera zu lenken, ging schief, denn anstelle in die Kamera zu schauen, liefen sie in deren Richtung los. Also, das gleiche Spiel von vorn; Hunde platzieren (die Hunde verstanden überhaupt nicht, warum sie sich gerade da hinsetzen sollten, es gab doch in dem Studio so viele andere Plätze) und wieder rufen und versuchen…

Irgendwann saßen sie dann tatsächlich und schauten sogar in Richtung Kamera. Genau in dem Moment, als der Fotograf abdrücken wollte, leckten die beiden Hunde dem Model über das Gesicht und das Make-up war ruiniert! Stunden später entschieden wir uns, das Shooting mit nur einem Hund fortzusetzen und irgendwann hat er sich unser erbarmt und treu in die Kamera geschaut.

Dieses Shooting ist mittlerweile fast 10 Jahre her und es war mein erstes und letztes Shooting mit Tieren. Natürlich kennt man aus verschiedenen Fernsehsendungen Shootings mit Schlangen, Spinnen und anderen Tieren. Abgesehen davon, dass ich Schlangen nicht besonders mag, frage ich mich jedes Mal, ob die Tiere das gut finden. Ich denke, für einen Hund ist so ein Shooting und die damit verbundene intensive Beschäftigung mit ihm sicher spannend und lustig. Aber für eine Schlange oder eine Spinne ist das doch Stress pur – ich bin froh, dass es heutzutage gute Tiermodelle aus Plastik gibt, die sind sehr geduldig und beißen auch nicht.

Während der Arbeit an diesem Buch, erhielt ich die Nachricht, dass der Besitzer von Laska verstorben ist – nun weiß er gar nicht, dass seine Hündin in diesem Buch verewigt wurde. Wie schade.

Bildhinweis:

Make-up: Beni Durrer
Haare: Maik Baber, www.maikbaber.de
Model: Sandra Finow
Foto: Carsten Tschach, www.bilderbuch.net
Hund: Laska, von Besitzer Bernd Sass des Clubs „Culture Houze", Berlin

Eiszeit

Bildrechte – Und wer hat hier eigentlich Recht?

Für mein Kapitel „Werbung und Make-up" hatte ich vor, an dieser Stelle fantastische Fotos eines Werbe-Shootings mit einem jungen Mann für eine sehr namhafte Billigkosmetik-Firma, deren Namen ich hier aus rechtlichen Gründen nicht nennen darf, zu veröffentlichen. Ich habe auch tatsächlich wie besprochen, nach dem Fotoshooting die Bilder vom Fotografen bekommen. Leider hat mir aber der Konzern verboten, die Bilder in meinem Buch zu veröffentlichen (der Imageverlust wäre wahrscheinlich enorm gewesen…). Solche Geschichten passierten mir leider sehr häufig und deshalb kommt hier ein kleiner Exkurs zu Bildrechten.

Jeder Mensch kann bestimmen, wer von ihm ein Foto machen bzw. veröffentlichen darf. Hier gilt ein Gesetz, welches sich Persönlichkeitsrecht nennt. Wenn also in Zeitungsberichten oder im Fernsehen Bilder mit schwarzen Balken vor den Gesichtern auftauchen, wurde in diesen Fällen vom Persönlichkeitsrecht Gebrauch gemacht.

Fotografen machen Fotos und haben darauf ein sogenanntes Urheberrecht. Wer das Foto veröffentlichen möchte, muss die Genehmigung vom Fotografen einholen oder die Bildrechte kaufen.

Wir als Visagisten kreieren Make-ups und haben darauf auch ein Urheberrecht, was ich z.B. lange nicht wusste. So muss auch der Visagist die Einwilligung geben, dass von dem Make-up Fotos gemacht und Bilder veröffentlicht werden dürfen!

Beauftragt eine Firma diverse Leute wie Fotografen, Models, Visagisten, Stylisten, usw. ein Shooting zu machen, dann liegen die Rechte an den Bildern allein bei dieser Firma. Alle Beteiligten müssen unterschreiben, dass sie die Rechte an ihren Arbeiten an diese Firma abtreten – und dafür gibt es meistens Geld. Von diesen Arbeiten bekommt man keine Bilder und darf sie auch nicht für eine Veröffentlichung nutzen.

Wenn also jemand ein Foto von einem Make-up machen möchte, muss der Visagist damit einverstanden sein und wissen, wozu es verwendet wird. Sollte die Person, die das Foto gemacht hat, dieses Bild ohne das Einverständnis des Visagisten veröffentlichen, kann der Visagist auf sein Urheberrecht bestehen.

Macht ein Fotograf ein Foto von einem Make-up, das ein Visagist erstellt hat, so liegen die Bildrechte beim Fotografen. Wenn der Fotograf die Bilder dann aber weiter verkauft, zum Beispiel an eine Firma, dann muss der Fotograf die Urheberrechte des Make-ups vorher abklären. Das gleiche gilt für die Modelle.

Also ganz wichtig: Immer alles schriftlich absichern!

Bildhinweis:

Make-up:	Beni Durrer
Haare:	BD-Team
Model:	Berna Cölükoglu
Fotos:	Fabian Maerz, www.fabianmaerz.de

„Zanzibar" – Eine tierische Fußballmannschaft

Für Oliver Pochers Fußballmannschaft aus Zanzibar erhielt ich von meinem Fotografen den Auftrag, die Jungs umzustylen. Die jungen Männer kamen aus sehr einfachen Verhältnissen und waren das erste Mal außerhalb von Zanzibar; und so waren sie auch mehr als begeistert von meinen hübschen Visagistinnen. Sie ließen alles brav über sich ergehen; vom Haare färben bis hin zum Make-up! Der Fotograf Fabian Maerz hat dann noch per Bildbearbeitung die Zähne in Form gebracht. Das Ergebnis kann sich sehen lassen.

Bildhinweis:

Make-up: Beni Durrer und Team
Haare: BD-Team
Model: Fußballmannschaft aus Zanzibar
Fotos: Fabian Maerz, www.fabianmaerz.de

„Cabaret in Paris 1889" – Lasst die Puppen tanzen!

Im Jahr 2008 erhielt ich eine Anfrage, ein Plakat für eine Make-up-Meisterschaft zum Thema „Cabaret in Paris 1889" zu entwerfen. Dabei wollte ich nicht einfach ein Make-up im Stil der damaligen Zeit entwerfen, sondern eine moderne Version anfertigen und habe mich vom Kostüm und der Farbe Rot inspirieren lassen. Rot ist für das Augen-Make-up eine sehr gewagte Farbe. Verwendet man nur einen Hauch dieser Farbe, wirken die Augen schnell verheult oder entzündet. Deshalb habe ich hier die Lidschattenfarbe extrem nach außen gezogen und in das Rouge fließen lassen.

Bei einer freien und kreativen Gestaltung des Make-ups ist es oftmals schwer, den Geschmack des Auftraggebers zu treffen. Wenn Sie eine Kundin schminken, sollten Sie daher im Vorfeld in einem ausführlichen Gespräch die Wünsche der Kundin rausfiltern, um diese so genau wie möglich umsetzen zu können.

Leider wurde mein Vorschlag für das Plakat nicht angenommen, ein anderer Entwurf gefiel der Redaktion besser. Nicht immer trifft man als Visagist den Geschmack der anderen, eine Erfahrung, mit der man immer wieder leben und aus der man lernen muss.

Bildhinweis:

Make-up: Beni Durrer
Haare: Volker Wolf-Strahm
Model: Janine Marold
Fotos: Felix Drobek, www.felixdrobek.com
Kostüm: Tonia Merz / TO.mTO, www.tomto.de

„Burlesque" – Die Kunst der Verführung

Dieses Plakat zum Thema „Burlesque" habe ich 2009 für eine Make-up-Meisterschaft entworfen. Mein Model Kathy hat sehr plakative Augen, die perfekt für dieses Make-up sind. Das aufregendste an dieser Produktion war es, Kathy in das Cocktailglas zu setzen. Nein, ich gebe zu, ein Fototrick. Kathy saß eigentlich quer auf einem schwarzen Sessel und der Fotograf hat ein normales Cocktailglas, welches er auf einer neutralen Platte fotografiert hatte, im Anschluss mit dem Foto von Kathy auf dem Sessel zusammengefügt. Wunderbar, was man mithilfe von Bildbearbeitung alles machen kann. Allerdings habe ich höchsten Respekt vor diesem Können. Leider wurde mein Vorschlag, den ich sehr schön fand, von der Redaktion, die sich mittlerweile auf das Thema Pin-up-Girl geeinigt hatte, komplett auseinander genommen. So saß mein Model am Schluss ganz klein auf einem Flugzeug und von dem aufwändigen Make-up sah man leider nicht mehr viel. Jetzt freue ich mich umso mehr, Ihnen diese Produktion zeigen zu können.

Sehr gern hätte ich an dieser Stelle das Bild von Kathy auf dem Flugzeug gezeigt – die Redaktion hatte das Bild von dem Flugzeug aber auch bei einem Fotografen eingekauft und durfte es nur ein einziges mal verwenden – so viel zum Thema „Bildrechte". Sie sehen, es ist kompliziert!

Bildhinweis:

Make-up:	Beni Durrer
Haare:	Herbert Leibinn
Model:	Kathy vom BD-Team
Foto:	Christian Leschke, www.hasenbox.de
Kostüm:	Marlies Dekkers, www.marliesdekkers.com

BURLESQUE

23. Make-up-Meisterschaft München 2009

Fashion

Test-Shooting – Gut, um Erfahrungen zu sammeln

Ich liebe Test-Shootings, bei denen man sich als Visagist austoben und Make-ups kreieren darf, die vielleicht nicht immer der Norm entsprechen. Außerdem freut sich der Fotograf meist über ausgefallene Motive, der Friseur hat coole Ideen und im besten Fall ist auch noch das Model gut drauf! Das geht leider oftmals nur bei sogenannten Probe- oder Test-Shootings. Um auch für diese Bilder die Rechte zu klären, sollten sich alle Beteiligten gegenseitig schriftlich absichern, dass die Fotos zur freien Verfügung stehen. Ansonsten kann es sein, dass die Agentur die Bilder nicht frei gibt, oder der Fotograf oder das Model (Persönlichkeitsrechte). Den Visagist fragt leider selten jemand, ob die Fotos verwendet werden dürfen oder nicht. Früher habe ich oft tolle Shootings gemacht und als ich die Bilder für meine Werbung benutzen wollte, bekam ich keine Genehmigung. Deshalb sichere ich mich heute auch ab. Dieses Shooting war ein Test und es war sehr lustig, spontan und cool!

Bildhinweis:

Make-up: Beni Durrer
Haare: Katharina Geske
Model: Katharina Malong
Fotos: Markus Heisler, www.foddograf.com
Styling: Sabin Gröflin

Mode-Shooting – Anstrengend, aber sehr spannend

Bei Mode-Shootings ist es sinnvoll, sich vorher ein „Drehbuch" zu schreiben. Überlegen Sie sich gut, zu welchem Outfit welches Make-up und Haarstyling passt. Um teure Zeit zu sparen, sollten Sie die Outfits auch in eine logische Reihenfolge bringen, so dass Sie mit dem unauffälligsten Make-up beginnen und dann darauf aufbauen können. Denn auf einem leichten Make-up extremere Varianten aufzubauen, ist einfacher, als Abschminken und immer wieder von vorn zu beginnen (auch um das Model zu schonen!).

Auf den folgenden Seiten zeige ich Ihnen, wie ein Make-up aufgebaut und verändert wird – von normal bis extravagant.

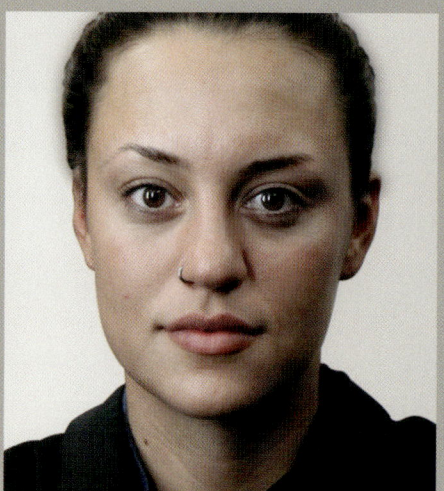

Bildhinweis:

Make-up: Beni Durrer
Haare: Philipp J. Frey
Model: Caro Burot
Fotos: Thomas Boss, www.thomas-boss.de
Assistenz: Ilja Keller
Kleider: Sebastian Ellrich, www.sebastianellrich.de
Hüte: Sneshina Petrov, www.mein-sahnehaeubchen.de

Hut-Shooting mit Lexy Hell

Über das Shooting für das Hut-Label „Sahnehäubchen" (www.mein-sahnehaeubchen.de) habe ich mich sehr gefreut, weil ich mit dem bekannten Model Lexy Hell zusammen arbeiten durfte. Ich kannte Lexy aus dem Fernsehen und von Zeitschriften und wollte sie unbedingt einmal schminken. Sneshina Petrov, die Designerin, ließ mir alle Freiheiten und ich durfte in Sachen Make-up machen, was ich wollte. Allerdings ist es nicht einfach, so viele verschiedene Hüte und Outfits an einem einzigen Tag zu shooten und bei jedem Wechsel ein komplett neues Make-up zu kreieren – auch hier empfiehlt es sich, bestehende Make-ups als Basis für die darauf folgenden zu nehmen und nicht immer alles wieder abzuschminken. An den Bildern erkennt man sehr schön, wie wir nach und nach Make-up und Haare verändert und aufeinander aufgebaut haben.
Lexy ist danach nach Paris gegangen, wo sie für Jean-Paul Gaultier auf dem Laufsteg lief.

Bildhinweis:

Make-up: Beni Durrer
Haare: Philipp J. Frey
Model: Lexy Hell
Fotos: Thomas Boss, www.thomas-boss.de
Assistenz: Ilja Keller
Hüte: Sneshina Petrov, www.mein-sahnehaeubchen.de

Making-of und Make-up-Schule

Die Make-up-Schule in Berlin – Hier wird ausgebildet!

Einsatz bei einer Modenschau auf der Fashion-week Berlin: Hier durften meine SchülerInnen praktische Erfahrungen sammeln.

Neue, helle, lichtdurchflutete Räume mit einem großen Hof erwarten die TeilnehmerInnen an der Beni Durrer Make-up-Schule.

Besuchen Sie uns in der Beni Durrer Make-up-Schule!

Schüler konzentriert bei der Arbeit

Dozentin Kathy Gering gut drauf!

Prinzessin Maja von Hohenzollern zu Besuch bei BD

Beni Durrer Make-up-Schule

Das Standardwerk für alle Visagisten

Starvisagist Beni Durrer präsentiert mit der „Beni Durrer Make-up Schule" ein über 200 Seiten starkes Fachbuch aus dem Bereich Make-up und Visagistik. Es vermittelt alle wichtigen Grundlagen für ein perfektes Make-up und zeigt ausführlich bebildert und Step-by-Step die wichtigsten Basis-Looks – vom Tages-, über das Hochzeits-Make-up bis hin zum Look für den Laufsteg.

Nutzen Sie die Erfahrung und das gebündelte Wissen Beni Durrers aus vielen Jahren als Visagist und Make-up-Artist und lernen Sie alles, was Sie über Make-up wissen müssen. Dabei ist es egal, ob Sie Einsteiger sind, Ihr Portfolio mit Make-up erweitern oder als Profi Ihr Wissen auffrischen möchten, hier finden Sie alles, was Sie für eine erfolgreiche Arbeit als Visagist brauchen. Detaillierte Beschreibungen und eine ausführliche Bebilderung zu den einzelnen Schminkschritten helfen Ihnen beim exakten Nachschminken und Erlernen der Techniken.

Das Buch gliedert sich in zwei Teile; Theorie und Praxis. Im theoretischen Teil finden Sie neben der Geschichte der dekorativen Kosmetik alles rund um den Beruf des Visagisten – von der Selbstdarstellung über mögliche Arbeitsplätze bis hin zur kompletten Ausstattung. Ebenso ausführlich werden die Farb- und Formenlehre und die unterschiedlichen Gesichts-, Augen- und Lippenformen und deren Korrektur beschrieben. Von Abschminken bis Kontrolle – zehn Schritte sind es zum perfekten Make-up. Beni Durrer erklärt Ihnen jeden einzelnen Arbeitsschritt detailliert, denn dieser „Fahrplan" erleichtert Ihnen die Arbeit als Visagist und garantiert, dass Sie in Stresssituationen nichts Wichtiges vergessen.

Sie möchten wissen, wie Sie eine Braut perfekt schminken, ein Foto-Make-up kreieren oder ein Business-Make-up für Damen und Herren erstellen? Im großen praktischen Teil finden Sie alle wichtigen Looks Step-by-Step bebildert und ausführlich erklärt.

Die „Beni Durrer Make-up-Schule" können Sie bestellen unter:
www.durrer.de oder
Tel. 0049 (0)30 210 198 00

Beni Durrer Make-up-Schule, 1. Auflage 2010
ISBN 978-300030524-5, 49,00 €

Das erste Dankeschön geht an Doreen Liebig, die mit viel Geduld und Kraft mit mir gemeinsam dieses Buch realisiert hat.

Danke an Frau Ambrosy von der Druckerei werk zwei in Konstanz für die tatkräftige Unterstützung. Ein ganz besonderer Dank geht an die Fotografen Benno Kraehahn, Carsten Tschach, Christian Leschke, Claudia Heinstein, Fabian Maerz, Felix Drobek, Ilja Keller, Joachim Bloch, Markus Heisler, Sirio Magnabosco und vor allem Thomas Boss.

Einen riesigen Dank an mein tolles Team und diejenigen, die bei den Shootings mitgewirkt haben: Andrea, Anja, Cecilia, Dana, Daniel, David, Dewayne, Elisabeth, Herbert, Ilja, Jane, Ji-Na, Katharina, Kathleen, Kathy, Ludwig, Maik, Maral, Michèle, Mira, Philipp, Ramona, Saadet, Sabin, Shimada, Steffi, Tanja, Thomas, TomTom und dem lieben Volker.

Danke für die Geduld und das stundenlange stillhalten der Modelle Alexandra, Antea, Axumawit, Berna, Betija, Carina, Caro, Chantal, Cheikh, Cora, Dana, Daniel, Hiltrud, Janine, Karsten, Katharina, Kathy, Kelly, Laska, Lexy, Luci, Marysol, Melissa, Michelle, Nora, Ramona, Roberta, Sabine, Samira, Sandra, Sarah, Susi, Sylvia, Thalia, Ulrike, der schönen Zoe und der Fußballmannschaft aus Zanzibar.

Und zu guter Letzt, danke an die vielen Designer, ohne deren fantastische Kreationen meine Bilder nur halb so schön geworden wären: Andrea Curti, Andrej Subarew, Astrid Stenzel, Burkhard Wildhagen, Claudia Gantenbein, Coy, Dawid Tomaszewski, Herbert Leibinn, Herz und Stöhr, Marco Fritscher, Marlies Dekkers, Nanna Kuckuck, ONO KOON, Sneshina Petrov, Stefan Reinberger, Tonia Merz und ganz besonders Sebastian Ellrich.

Und ganz persönlich bin ich unendlich dankbar dafür, einen der schönsten Berufe der Welt ausüben zu dürfen!